前言

近年来，随着以人工智能、大数据、物联网、云计算为代表的数字技术快速发展，以及数字技术在教育教学中的深入应用，我国进入了以数字教育为特征的教育发展新阶段。

党和政府高度重视数字教育，将其作为数字中国的重要组成部分，党的二十大报告中提出：推进教育数字化。2022年，我国提出了实施教育数字化战略行动，按照“应用为王、服务至上、简洁高效、安全运行”的原则，开发上线了国家智慧教育平台，面向基础教育，建设开发了国家中小学智慧教育平台。平台支撑了我国近2亿中小学学生在新冠肺炎疫情期间的线上学习，推动了教育资源的数字化，满足了学习者的个性化、多样化需求。数字教育是我国教育信息化发展的新阶段，也是教育信息化发展的新形态，实现教育数字化，有助于构建人才培养的新模式、教育服务的新模式和教育治理的新模式，推动实现教育的现代化。

本书力图全面反映进入数字时代的我国基础教育数字化发展全貌，探讨了数字技术赋能基础教育的变革与发展，论述了基础教育数字化的内涵与特征，分析了基础教育数字化的发展现状，从不同层面提出了推进基础教育数字化的发展策略，阐明了基础教育数字化生态的构建，并且对数字时代中小学教师专业发展提出了自己的研究思考。本书对推动我国基础教育数字化的理论研究和应用探索具有重要的理论价值和实践意义。

全书共分七章，第一章从科学技术发展、数字经济已经成为国家战略、国家数字化转型的政策几个角度论述了我国的数字化时代已经来临，对重塑教育的形态和内涵提出了迫切需求。第二章探讨了数字技术给教育带来的变革，从推动产生教育的新形态、推动教师研修的新发展、实现教育治理等方面，分析了数字技术开始成为推动教育改革、推动实现教育高质量发展的核心和关键。第三章从发展角度，阐述了基础教育数字化是基础教育信息化发展的新阶段，从而具有了新的内涵和特征。第四章从国家政策、区域发展视角详细阐明了我国的基础教育数字化发展，并分析了当前我国基础教育数字化发展所面临的挑战与困境。第五章提出了我国基础教育数字化发展的对策，对策从国家、地方和学校三个层面来论述，既有理论指导、政策支撑，也有区域推动、师生发展，还兼顾学校实践、强化应用，统筹协调推动我国基础教育数字化健康发展。第六章论述了我国基础教育数字化生态构建，采用生态观的思想，从整体观的视角以生态化战略推动基础教育数字化可持续高质量发展。基础教育数字化的良性发展，离不开一大批高素质、专业化、创新型的教师队伍，第七章从数字时代中小学教师专业发展面临的机遇与挑战、数字时代中小学教师专业发展的路径角度进行系统论述，为数字时代的中小学教师专业发展提供了研究借鉴。本书第一章和第二章由管佳撰写，第三章到第七章由邢西深撰写，全书由邢西深统稿。

本书是教育部教育技术与资源发展中心（中央电化教育馆）2022年度立项课题“基于人工智能技术的基础教育数字化发展

教育部教育技术与资源发展中心（中央电化教育馆） 编著

数字时代的
基础教育数字化发展

邢西深　管　佳 主编

南京大学出版社

图书在版编目 (CIP) 数据

数字时代的基础教育数字化发展/邢西深,管佳主编
.—南京:南京大学出版社,2023.5
ISBN 978-7-305-26927-1

Ⅰ.①数… Ⅱ.①邢… ②管… Ⅲ.①基础教育—数字化—研究—中国 Ⅳ.①G639.2-39

中国国家版本馆 CIP 数据核字(2023)第 074938 号

出版发行 南京大学出版社
社　　址 南京市汉口路 22 号　　邮　编 210093
出 版 人 金鑫荣

书　　名 数字时代的基础教育数字化发展
主　　编 邢西深　管　佳
责任编辑 周　然　　　编辑热线 021-65053972

印　　刷 南京玉河印刷厂
开　　本 880×1230　1/32　印张 4.75　字数 111 千
版　　次 2023 年 5 月第 1 版　2023 年 5 月第 1 次印刷
ISBN 978-7-305-26927-1
定　　价 45.00 元

网　　址 http://www.njupco.com
官方微博 http://weibo.com/njupco
官方微信号 njupress
南大悦学公众号 NJUyuexue
销售咨询热线 025-83594756

研究"(课题编号：KJY202207)的研究成果,也是作者多年对教育信息化工作的总结思考。特别感谢作者所在单位教育部教育技术与资源发展中心(中央电化教育馆)领导以及同事们多年来给予作者的指导、支持和帮助,感谢教育部教育技术与资源发展中心(中央电化教育馆)为本书的出版给予资助。衷心感谢南京大学出版社黄昌朝为本书出版付出了大量心血。本书写作过程中,参考了大量文献资料,文中直接引用部分采用页下脚注的形式予以注明,其他内容在每章后面列出了主要的参考文献,在此向原作者致以诚挚的谢意!

本书可供从事教育数字化和智慧教育方面的研究机构、中小学校、相关专业大学生学习参考,也可供各级电教、装备等机构从事教育信息化工作参考。尽管作者付出了艰苦劳动,认真总结思考了教育数字化方面研究成果,但是由于时间紧张、作者水平有限,书中疏漏之处在所难免,恳请专家、学者予以批评指正。

作　者

2023 年 2 月

目录

第一章　数字化时代已经来临

科学技术是第一生产力，核心科技的发展能够带来社会翻天覆地的变革。以大数据、云计算、人工智能、物联网等为代表的数字技术引发了各行各业的数字化，我们的衣食住行以及社会治理都发生了巨大的变化。2014 年“大数据”被首次写入政府工作报告，逐渐成为各级政府关注的热点。数字化转型已成为各国与国际组织的重要战略。在数字时代面前，谁能抢抓数字化发展机遇，谁就能勇立潮头、引领潮流。数字经济成为继农业经济、工业经济之后的新经济阶段。数字化时代已经来临！

第一节　科学技术是第一生产力

1988 年邓小平同志提出“科学技术是第一生产力”。科学技术渗透在生产力的各个基本要素之中，能够直接转化为实际生产能力，是最能激发生产力变革的重要因素。人类对技术的掌握来源于对自然和社会现象的观察，旨在为人类提供更好的生活，从最开始的满足人类生存，到满足人类对美好生活的向往。当前社会，以大数据、云计算、人工智能、物联网等为代表的数字技术发展日新月异，为数字经济的发展奠定了扎实的基础。

一、技术的概念和本质

关于技术的本质，复杂性科学奠基人、首屈一指的技术思想家、“熊彼特奖”得主布莱恩·阿瑟用平实的语言进行了介绍。技术给我们带来了舒适的生活和无尽的财富，也成就了经济的繁荣。我们的世界因技术而改变。技术主要是指人的活动方式，解决的是如何做的策略问题和方法问题；从本质上看，技术是对现象的捕获、利用和有目的的编程；随着时间的推移，新的现象会不断涌现，他们首先被捕获并表达为技术的元素，继而新旧技术才能得以组合①。

我们所知的技术都来源于对自然现象的捕捉，比如钻木取火、中草药治病、飞机制造等，不论简单或者复杂，都不是凭空产生的。人类有意无意捕获自然现象，并根据人类的生存需求进行整合利用，逐渐形成了越来越复杂的技术手段。人们借助科学的方法，得以发现和理解更加隐秘的现象，形成并不断发展光学、力学、化学、生物学等。人类通过捕获的自然现象，对各种现象规律进行整合运用，以满足自身的具体需求。这个过程中技术内部不断优化寻找最佳解决方案，当一个领域的技术优化不能满足需要的时候，就需要更多更高级别的技术综合与平衡。从某种意义上讲，整个经济都是建构在技术之上的，由技术作为中介来调整、分配商品和劳务等各项活动，由此，技术的升级改进也带动着整个经济的前进。

二、大数据

大数据是以容量大、类型多、存取速度快、应用价值高为主

---

① 阿瑟. 技术的本质[M]. 曹东溟，王健，译. 杭州：浙江人民出版社，2014.

要特征的数据集合，最早应用于 IT 行业，目前正快速发展为对数量巨大、来源分散、格式多样的数据进行采集、存储和关联分析，从中发现新知识、创造新价值、提升新能力的新一代信息技术和服务业态。大数据必须采用分布式架构，对海量数据进行分布式数据挖掘，因此必须依托云计算的分布式处理、分布式数据库和云存储、虚拟化技术。2013 年，IBM 公司提出大数据的 5V 特征，即 Volume（数据量巨大），Velocity（高速及时），Variety（种类和来源的多样化），Value（价值密度低，商业价值高），Veracity（数据的真实有效性）。

一个国家或地区经济发展的水平，往往取决于一个国家或地区对核心资源的获取、占有、控制、分配和使用的能力，而数据就是继土地、能源和矿产资源之后更高维的劳动对象。数据根植于算法，能够创造巨大价值，其创造价值主要有三种模式：第一，倍增效应。数据可提高单一要素的生产效率，为劳动、资本、科技、知识、制度等要素充分赋能，实现单一要素的价值倍增。第二，资源优化。数据不能直接生产产品，但是数据可以低成本、低延时，高效率、高质量，多方式、多花样地生产产品，高效率地提供公共服务。数据要素推动传统生产要素的高效率配置和耦合，成为驱动经济增长的关键因素，这正是数据要素真正的价值所在。第三，激发创新。数据要素可以用更少的物质资源创造更多的物质财富，会对传统的生产要素产生替代效应。

2016 年 3 月，《中华人民共和国国民经济和社会发展第十三个五年规划纲要》提出，实施国家大数据战略，把大数据作为基础性战略资源，全面实施促进大数据发展行动，加快推动数据资源共享开放和开发应用，助力产业转型升级和社会治理创新。2020 年 10 月，《中共中央关于制定国民经济和社会发展第十四个五年规划和二〇三五年远景目标的建议》提出，系统布局新型基础设施，加快第五代移动通信、工业互联网、大数据中心等建设；推动互联网、大数据、人工智能等同各产业深度融合，推动先进制造业集群发展，构建一批各具特色、优势互补、结构合理的战略性新兴产业增长引擎，培育新技术、新产品、新业态、新模式；加强宏观经济治理数据库等建设，提升大数据等现代技术手段辅助治理能力。大数据在促进经济社会发展过程中，体现了生产力和生产关系的属性。

数字生产力。生产力是社会发展的内在动力基础，也是人类运用各种科学技术创造物质和精神产品、满足自身生存和生活需要的能力。历史唯物主义认为，生产力是人们改造自然、征服自然获取物质资料的能力。它包括劳动者、劳动资料（生产工具）和劳动对象三个基本要素。数字生产力是指在数字经济时代，人类创造财富的能力。其三要素包括数字生产者（分析师、程序员、设计师等）、数字化工具（硬件、软件、算法等）和数字对象（数据、连接、信用等）。数字经济的一个突出特点就是要充分利用“云大智区”和 5G 等数字技术，建设社会经济运行的新规则。云计算、大数据、人工智能、区块链和 5G 基础上的无线通信五个方面的技术有机结合，构建起一个类似人体的智慧生命体，从而支撑整个数字经济的发展。

数字生产关系。历史唯物主义认为，生产力决定生产关系，生产关系对生产力具有反作用。生产关系是人们在物质资料生产过程中所发生的、一定的、必然的、不以人的意志为转移的物质关系。它包括生产资料的所有制关系、人们在生产中的地位和相互关系以及产品的分配关系三方面。在数字时代，网络已经成为人们生活、工作、生命的一部分，人类正在从物理空间向数字空间进行“大迁徙”。谁能够掌握更强大的数字化工具（硬件、软件、算法等）和数字对象（数据、连接、信用等），将极大地影

响其在生产中的地位和产品的分配关系。这也是我国实施国家大数据战略,把大数据作为基础性战略资源的重要原因。

三、云计算

2006 年 8 月,时任谷歌首席执行官埃里克·施密特在搜索引擎大会首次提出“云计算”概念。2009 年,美国国家标准与技术研究院(NIST)进一步丰富和完善了云计算的定义和内涵。NIST 认为,云计算是一种基于互联网的,只需最少管理和与服务提供商的交互,就能够便捷、按需地访问共享资源(包括网络、服务器、存储、应用和服务等)的计算模式。根据 NIST 定义,云计算具有按需自助服务、广泛网络接入、计算资源集中、快速动态配置、按使用量计费等主要特点。NIST 定义的三种云服务方式是:①基础设施即服务(IaaS),为用户提供虚拟机或者其他存储资源等基础设施服务;②平台即服务(PaaS),为用户提供包括软件开发工具包(SDK)、文档和测试环境等在内的开发平台,用户无需管理和控制相应的网络、存储等基础设施资源;③软件即服务(SaaS),为用户提供基于云基础设施的应用软件,用户通过浏览器等就能直接使用在云端上运行的应用。

技术的突破性发展,能够带来各行各业的繁荣,比如算力的发展。根据国际数据公司(IDC)发布的《2020 全球计算力指数评估报告》,一国的算力指数每提高 1 个百分点,数字经济和 GDP 将分别增长 3.3‰和 1.8‰。2021 年中国信息通信研究院发表的《中国算力发展指数白皮书》显示,通过国家投入产出表模型计算,2020 年以计算机为代表的算力产业规模达 2 万亿元,直接带动经济总产出 1.7 万亿元,间接带动经济总产出 6.3 万亿元,即在算力中每投入 1 元,平均将带动 3—4 元经济产出。相关机构预测,到 2035 年 5G、互联网、人工智能将为全球经济带来 40 万亿美元增长，算力正是其背后重要的资源依托和基础设施。在数字经济时代，算力如同农业时代的水利、工业时代的电力，既是国民经济发展的重要基础，也是科技竞争的新焦点。加快算力建设，将有效激发数据要素创新活力，加快数字产业化和产业数字化进程，催生新技术、新产业、新业态、新模式，支撑经济高质量发展。

2022 年年初，国务院印发《"十四五"数字经济发展规划》，部署的八方面重点任务中，首个便是优化升级数字基础设施，提出加快建设信息网络基础设施，推进云网协同和算网融合发展，有序推进基础设施智能升级。2 月，国家发展改革委等部门联合印发通知，同意在京津冀、长三角、粤港澳大湾区、成渝、内蒙古、贵州、甘肃、宁夏等 8 地启动建设国家算力枢纽节点，并规划了 10 个国家数据中心集群。我国一体化大数据中心体系完成总体布局设计，"东数西算"工程正式全面启动。

"东数西算"是继"西气东输""西电东送""南水北调"后又一项国家重要战略工程。作为一项国家级算力资源跨域调配战略工程，"东数西算"工程对于优化我国算力资源空间布局，加快打造全国算力"一张网"，构筑我国数字经济发展新优势具有重要意义。深入推进"东数西算"工程，并不是简单的算力堆砌，而是要实现网络、算力调度、产业链、数据要素治理等各方面资源协同，强化东西部跨域统筹发展。

四、人工智能

1956 年，"人工智能之父"和 LISP 语言的发明人约翰·麦卡锡在达特茅斯会议上提出了人工智能的概念，关于人工智能的研究由此展开。人工智能是计算机学科的一个分支，是研究、开发用于模拟、延伸和扩展人的智能的理论、方法、技术及应用系统的一门新的技术科学。人工智能的研究领域非常广泛，包括机器人、语言识别、图像识别、自然语言处理和专家系统等。其应用领域也分布极广，可以应用于自然科学、经济社会的各个领域。作为一种新型基础设施，近年来人工智能取得了迅速发展，在很多领域都获得了广泛应用，并取得了丰硕的成果。人工智能作为引领第四次工业革命的前沿技术，其发展与应用备受关注。

人工智能与大数据、算法、算力有着密切的关系。大数据的价值体现主要集中在数据的转向以及数据的信息处理能力等方面。人工智能把杂乱无章的数据提取为信息，从信息中归纳出知识，通过知识的综合做出判断。人工智能依靠大数据在分析、处理、检索和挖掘中产生智能的关键在于大数据、算法以及高速度的计算处理能力。机器学习是人工智能的核心，也是使计算机具有智能的根本途径。随着大数据时代各行业对数据分析需求的持续增加，通过机器学习高效地获取知识，已逐渐成为当今机器学习技术发展的主要推动力。

人工智能可以应用到机器翻译、智能控制、专家系统、机器人学、语言和图像理解、遗传编程机器人工厂、自动程序设计、航天，庞大的信息处理、储存与管理，执行生命体无法执行的、或复杂或规模庞大的任务等。人工智能对自然科学、经济社会产生重大影响，为各行各业带来巨大的宏观效益。为抢抓人工智能发展的重大战略机遇，构筑我国人工智能发展的先发优势，加快建设创新型国家和世界科技强国，2017 年 7 月 20 日，国务院印发了《新一代人工智能发展规划》，提出了面向 2030 年我国新一代人工智能发展的指导思想、战略目标、重点任务和保障措施，为我国人工智能的进一步加速发展奠定了重要基础。2021 年 7 月 13 日，中国互联网协会发布了《中国互联网发展报告

(2021)》,数据显示 2020 年人工智能产业规模达到了 3,031 亿元。

五、物联网

物联网(Internet of Things,简称 IoT)是指通过各种信息传感器、射频识别技术、全球定位系统、红外感应器、激光扫描器等各种装置与技术,实时采集任何需要监控、连接、互动的物体或过程,采集其声、光、热、电、力学、化学、生物、位置等各种需要的信息,通过各类可能的网络接入,实现物与物、物与人的泛在连接,实现对物品和过程的智能化感知、识别和管理。物联网是一个基于互联网、传统电信网等的信息承载体,它让所有能够被独立寻址的普通物理对象形成互联互通的网络①。

万物互联(IoE)将人、流程、数据和事物结合一起,使得网络连接变得更加相关,更有价值。万物互联将信息转化为行动,给企业、个人和国家创造新的功能,并带来更加丰富的体验和前所未有的经济发展机遇。物联网在工业、农业、环境、交通、物流、安保等基础设施领域的应用,有效地推动了这些方面的智能化发展,有限的资源得到了更加合理的使用分配,从而提高了行业效率和效益。在家居、医疗健康、教育、金融与服务业、旅游业等与生活息息相关的领域的应用,从服务范围、服务方式到服务的质量等方面都有了极大的改进,大大提高了人们的生活质量。在国防军事领域方面,虽然还处在研究探索阶段,但物联网应用带来的影响也不可小觑,大到卫星、导弹、飞机、潜艇等装备系统,小到单兵作战装备,物联网技术的嵌入有效提升了军事智能

① 刘陈,景兴红,董钢.浅谈物联网的技术特点及其广泛应用[J].科学咨询,2011(9):86.

化、信息化、精准化，极大提升了军事战斗力，是未来军事变革的关键。

第二节　发展数字经济成为国家战略

数字经济是继农业经济、工业经济之后更高级的经济阶段。国家统计局在其发布的《数字经济及其核心产业统计分类（2021）》中，对数字经济的定义做了如下阐述：数字经济是指以数据资源作为关键生产要素、以现代信息网络作为重要载体、以信息通信技术的有效使用作为效率提升和经济结构优化的重要推动力的一系列经济活动①。数字经济能够降低实体经济的成本、提高生产效率、促进供需精准匹配，使传统经济条件下不可能发生的经济活动变为可能，推动经济向形态更高级、分工更精准、结构更合理、空间更广阔的阶段演进。

“数字经济热”已经是一股不容小觑的浪潮。数字技术日新月异，应用潜能全面迸发，数字经济正在经历高速增长、快速创新，并广泛渗透到其他经济领域，深刻改变世界经济的发展动力和发展方式，重塑社会治理格局。根据中国信息通信研究院发布的《中国数字经济发展报告（2022 年）》显示，2021 年，我国数字经济发展取得新的突破，数字经济规模达到 45.5 万亿元，较“十三五”初期扩张了 1 倍多，同比名义增长 16.2%，高于 GDP 名义增速 3.4 个百分点，占 GDP 比重达到 39.8%，较“十三五”初期提升了 9.6 个百分点。

---

① 国家统计局. 数字经济及其核心产业统计分类（2021）[A/OL].（2021-06-03）[2023-02-01]. http://www.stats.gov.cn/tjsj/tjbz/202106/t20210603_1818134.html.

一、数字产业化

《数字经济及其核心产业统计分类(2021)》从"数字产业化"和"产业数字化"两个方面，确定了数字经济的基本范围，将其分为5大类：数字产品制造业、数字产品服务业、数字技术应用业、数字要素驱动业、数字化效率提升业。前4大类为数字产业化部分，即数字经济核心产业，是指为产业数字化发展提供数字技术、产品、服务、基础设施和解决方案，以及完全依赖于数字技术、数据要素的各类经济活动，对应于《国民经济行业分类》中的26个大类、68个中类、126个小类，是数字经济发展的基础。第5大类产业数字化部分，是指应用数字技术和数据资源为传统产业带来的产出增加和效率提升，是数字技术与实体经济的融合。

数字产业化是数字经济的先导力量，简单来说，就是把过去研究的通讯、信息技术产业化，进而产生电子信息制造业、电信行业、软件和信息服务业、互联网行业等基于数字技术的产业。数字产业化以通信产业为主要内容，具体包括电子信息制造业、电信业、软件和信息技术服务业、互联网行业及其他新兴产业。

根据中国信息通信研究院发布的《中国数字经济发展报告(2022年)》显示，2021年，我国数字产业化规模为8.35万亿元，同比名义增长11.9%，占数字经济比重为18.3%，占GDP比重为7.3%，数字产业化发展正经历由量的扩张到质的提升转变。

二、产业数字化

产业是社会分工的产物，参与了人类生存、繁衍、发展、壮大

的全过程，产业发展的历史就是一部人类奋斗史、成长史。人类产生了需求，便通过产业来改造世界，寻求需求的满足，以及生活的幸福和意义。

产业数字化是数字经济发展的主引擎，是传统产业由于应用数字技术所带来的生产数量和生产效率的提升，其新增产出构成数字经济的重要组成部分。产业数字化集中体现为数字技术体系对生产制度结构的影响，即对传统产业组织、生产、交易等的影响。

随着数据技术和基础设施蓬勃发展，数据的应用场景不断拓展。农业领域，车间农业、认养农业、云农场等新业态和新模式方兴未艾；工业领域，智能硬件、可穿戴设备、智能网络汽车等技术层出不穷；消费领域，“数据+”催生的新业态不断激发消费市场活力，居民消费加速向线上迁移；金融领域，移动支付全面推进，数字人民币试点提速，金融服务中小微企业的精准性显著提升。

根据中国信息通信研究院发布的《中国数字经济发展报告（2022 年）》显示，2021 年，我国产业数字化规模达到 37.2 万亿元，同比名义增长 17.2%，占 GDP 比重为 32.5%。各行各业已充分认识到发展数字经济的重要性，工业互联网成为制造业数字化转型的内生动力，服务业数字化转型持续活跃，农业数字化转型初见成效。

三、数字化治理

数字化治理是数字经济的一大组成部分，包括但不限于多元治理，以“数字技术+治理”为典型特征的技管结合，以及数字化公共服务等。数字化治理集中体现在数字技术对社会制度结构的影响，即在数字经济快速发展的背景下形成的与之相适应的政府治理体系、模式等的全面变革。

2021 年,我国各省市共出台 216 个数字经济相关政策,其中 89 个为数字化治理政策。当前,我国数字化治理正处在从用数字技术治理到对数字技术治理,再到构建数字经济治理体系的深度变革中,成果主要体现在数字政府建设加速,新型智慧城市建设稳步推进等方面。

以人工智能、大数据、云计算、区块链等为代表的数字技术加速在重塑政府治理流程、提升治理的精准化与高效化水平等方面发挥着重要作用。数字政府精准化、一体化进程成效初显,数字政府服务效能进一步提升,新型智慧城市建设加速落地并展现地方特色,为社会发展提供稳定增长的重要保障。持续完善治理规则,推动规范平台、数据、算法等制度规则陆续出台或落地,划清市场行为的违法边界,针对新业态变化快、创新多的特点,更好发挥行业公约、标准规范等对法律法规体系的有效补充作用。强化数字技术在治理中的应用,利用互联网、大数据、云计算、人工智能、区块链等数字技术提升治理效能,用好工信大数据平台,降低治理成本,提高治理效率。

第三节　数字化转型政策相继出台

党的十八大以来,中国政府高度重视发展数字经济,推动数字经济逐步上升为国家战略。《国务院关于积极推进"互联网 +"行动的指导意见》《关于发展数字经济稳定并扩大就业的指导意见》等政策措施从国家战略层面对数字经济的发展进行了全局性部署。工业和信息化部、农业农村部、科学技术部、交通运输部等部委也纷纷加快数字经济相关政策的出台。党的十九大以来,党中央、国务院对"实施国家大数据战略,构建以数据为关键要素的数字经济，加快建设数字中国”等工作做出重大战略部署。

一、数字中国

1998 年，中国科学院院士大会和中国工程院院士大会提出了发展“数字中国”战略。2021 年 3 月，国务院印发《中华人民共和国国民经济和社会发展第十四个五年规划和 2035 年远景目标纲要》，提出要加快数字化发展，建设数字中国，迎接数字时代，激活数据要素潜能，推进网络强国建设，加快建设数字经济、数字社会、数字政府，以数字化转型整体驱动生产方式、生活方式和治理方式变革①。

二、数字经济

数字经济的概念最初起源于 20 世纪 60 年代、70 年代快速崛起的信息产业，对于数字经济的理解更多集中于计算机、软件等信息产业部门。近年来，随着数字技术作为一种通用技术，以重要生产要素的方式，广泛应用与经济社会的各行各业，促进全要素生产的提升，开辟经济增长新空间，塑造经济新形态，对于数字经济的理解范畴已经远远超出了信息产业部门的范围，成为与工业经济、农业经济并列的经济社会形态。对数字经济的认识不断深入，数字经济政策的范围也在不断扩展，出现由技术领域到产业融合领域再到经济社会形态的发展趋势。在 1998—2007 年信息产业部时期，政策主要集中于信息产业内部，政策的行业属性明显。2008 年，工业和信息化部的成立开启了我国工业化和信息化融合的新阶段，政府对工业化关系的

---

① 中华人民共和国中央人民政府. 中华人民共和国国民经济和社会发展第十四个五年规划和 2035 年远景目标纲要[A/OL]. (2021-03-13)[2023-2-1]. http://www.gov.cn/xinwen/2021-03/13/content_5592681.htm.

认识不断深入，2009 年发布的《关于推进消费品工业两化融合的指导意见》充分体现了数字经济政策开始向产业融合方向发展的趋势。2015 年，《国务院关于积极推进“互联网＋”行动的指导意见》印发，数字经济政策由行业内部向更广的经济领域扩展。2017 年，十九大报告提出了“推动互联网、大数据、人工智能和实体经济深度融合”，数字经济政策覆盖经济社会的各个领域①。

1. 数字产业化政策

近年来我国逐渐认识到发展大数据的重要性，加快推进大数据与实体经济融合发展。2014 年，大数据被首次写入政府工作报告。从这一年起，大数据逐渐成为各级政府关注的热点，政府数据共享、数据流通与交易、利用大数据保障和改善民生等概念逐渐深入人心。2015 年 8 月，国务院印发了《促进大数据发展行动纲要》，成为我国发展大数据产业的战略性指导文件。2016 年《“十三五”规划纲要》中首次提出“实施国家大数据战略”，对“国家大数据战略”进行了阐释，并成为各级政府在制定大数据发展规划和配套措施时的重要指导，对我国大数据的发展具有深远意义。2016 年年底，工业和信息化部发布了《大数据产业发展规划（2016—2020 年）》。继而各行各业主管部门纷纷出台了各自行业的大数据相关发展规划，各省市也发布了地区大数据发展计划，推动公共大数据开放，推进大数据开放发展，提升大数据使用效率和优化数据开放质量。

2. 产业数字化政策

第一产业数字化转型政策。我国农业产业数字化早期以

① 何伟，孙克，胡燕妮，等. 中国数字经济政策全景图［M］. 北京：人民邮电出版社，2022.

政策引导和资金支持为主。1998年“数字中国”战略提出后，“数字农业”的探索与研究展开。2013年开始，农业部在天津、上海、安徽三地率先开展了农业物联网区域试验工程，在采集农业实时数据和物联网应用方面进行了探索。2015年以来，我国相继出台了《推动农业电子商务发展行动计划》《农业部关于推进农业农村大数据发展的实施意见》《国务院办公厅关于加快推进重要产品追溯体系建设的意见》《中共中央 国务院关于实施乡村振兴战略的意见》《乡村振兴战略规划（2018—2022年）》《中共中央 国务院关于坚持农业电子商务、农业农村优先发展做好“三农”工作的若干意见》《国家质量兴农战略规划（2018—2022年）》《数字乡村发展战略纲要》《国务院关于促进乡村振兴的指导意见》等政策。与此同时，地方也相继出台了一系列配套政策。智慧农业、追溯体系建设等方面发展迅速。

第二产业数字化转型政策。近年来，我国全力推进工业与数字化经济融合发展，先后制定出台了《国务院关于积极推进“互联网+”行动的指导意见》《国务院关于深化制造业与互联网融合发展的指导意见》《信息化和工业化融合发展规划（2016—2020年）》《智能制造发展规划（2016—2022年）》《国务院关于深化“互联网+先进制造业”发展工业互联网的指导意见》《智能制造综合标准化与新模式应用项目管理工作细则》《工业互联网APP培训工程实施方案（2018—2020年）》《工业互联网发展行动计划（2018—2020年）》《工业互联网平台建设及推广指南》《工业互联网平台评价办法》《国家智能制造标准体系建设指南（2018年版）》《加强工业互联网安全工作的指导意见》等一系列政策文件。这些决策部署和规划政策，为我国工业数字化转型指明了方向，提出了要求，增添了动力。地方因地制宜出台了系列配套文件。智能制造、工业互联网等方面飞速发展。

第三产业数字化转型政策。近年来我国陆续出台了《国务院关于促进信息消费扩大内需的若干意见》《国务院关于大力发展电子商务加快培训经济新动力的意见》《国务院办公厅关于促进跨境电子商务健康快速发展的指导意见》《关于促进互联网金融健康发展的指导意见》《关于推进线上线下互动加快商贸流通创新发展转型升级的意见》《"十三五"国家战略性新兴产业发展战略》《电子商务"十三五"发展规划》《"十三五"国家信息化规划》《中国金融业信息技术"十三五"发展规划》《国务院关于进一步扩大和升级信息消费持续释放内需潜力的指导意见》《国务院办公厅关于积极推进供应链创新与应用的指导意见》《国务院办公厅关于推进电子商务与快递物流协同发展的意见》《中华人民共和国电子商务法》《国务院办公厅关于促进平台经济规范健康发展的指导意见》《金融科技(FinTech)发展规划(2019—2021年)》《交通强国建设纲要》等政策。电子商务、互联网金融等方面的政策不断细化制定。

三、数字社会

社会治理是国家治理的重要方面,社会治理现代化是国家治理体系和治理能力现代化的重要内容。习近平总书记强调,要"加快用网络信息技术推进社会治理"。党的十九大报告提出,"打造共建共治共享的社会治理格局""提高社会治理的智能化水平"。《中华人民共和国国民经济和社会发展第十四个五年规划和 2035 年远景目标纲要》提出,要"以数字化转型整体驱动治理方式变革"。

近年来,我国数字社会建设步伐加快,互联网普及率和用户规模大幅攀升。截至 2021 年 6 月，我国网民规模达 10.11 亿，手机网民规模达 10.07 亿。手机支付、网上挂号、APP 打车、在线学习、网络订餐、协同办公逐渐成为人们生活、工作的常态。在这一背景下，加快数字社会建设步伐具有十分重大的意义。

“十四五”时期，我国开启了全面建设社会主义现代化国家新征程。大数据、云计算、移动互联网、物联网、人工智能等新一代数字技术迅猛发展，成为推进现代化建设的强大动力。新科技革命成果不断融入生产生活，改变传统的生产生活方式，改变人们的行为方式、社会交往方式、社会组织方式和社会运行方式，深刻影响人们的思想观念和思维方式，不断创造新的产业形态、商业模式、就业形态，推动我国现代化不断向纵深发展。加快数字社会建设步伐是顺应这一趋势的重大战略举措，是建设数字中国的重要内容，是推动社会主义现代化更好更快发展的必然要求。

“十四五”规划和 2035 年远景目标纲要在总结经验、瞄准社会需求的基础上，对加快数字社会建设步伐进行了全面的战略部署。通过提供智慧便捷的公共服务，建设智慧城市和数字乡村，构筑美好数字生活新图景等，适应数字技术全面融入社会交往和日常生活新趋势，促进公共服务和社会运行方式创新，构筑全民畅享的数字生活。

中央网络安全和信息化委员会印发《“十四五”国家信息化规划》，以构筑共建共治共享的数字社会治理体系为主线，全面勾画了今后一段时期社会治理信息化的建设蓝图。当前，社会治理模式正在从单向管理转向双向互动，从线下转向线上线下融合，从单纯的政府监管转向更加注重社会协同治理。在这三个“转向”中，确保社会既充满活力又和谐有序，必须坚持与时俱进，加强和创新社会治理。《规划》提出要运用现代信息技术为“中国之治”引入新范式、创造新工具、构建新模式。利用大数据、人工智能、物联网等信息化手段支持社会治理科学决策、精准施策。

四、数字政府

随着移动互联网发展，社会治理模式正在从单向管理转向双向互动，从线下治理转向线上线下融合，从单一的政府监管向更加注重社会协同治理转变。目前，数字经济发蓬勃发展，数字经济在提升经济运行效率、重塑社会形态的同时，也给传统治理理念、治理模式、治理手段等带来巨大挑战。我国政府高度重视数字化治理，主要从多元共治、技管结合和数字化共享服务三大方面推动数字经济治理能力提升。

“十四五”规划和 2035 年远景目标纲要在总结经验、瞄准社会需求的基础上，对加快数字政府建设步伐进行了全面的战略部署。通过加强公共数据开放共享，推动政务信息化共建共用，提高数字化政务服务效能，将数字技术广泛应用于政府管理服务，推动政府治理流程再造和模式优化，不断提高决策科学性和服务效率。

“十四五”规划中对数字政府建设提出要求之后，河南、山东、福建等各省都提出了当地的数字政府建设总体规划，根据国家要求和地方实际，贯彻落实数字政府建设总体规划，持续深化“放管服”改革，加快推动数字政府建设。

五、教育数字化战略行动

随着科技革命和产业变革，数字信息技术对经济社会发展起到了巨大的支撑和推进作用。2021 年 3 月，国务院印发《中华人民共和国国民经济和社会发展第十四个五年规划和2035年远景目标纲要》，提出要加快数字化发展，建设数字中国。党的二十大首次将“推进教育数字化”写进了党代会报告，强调建设全民终身学习的学习型社会、学习型大国。习近平总书记对教育、对“数字中国”极其重视。教育部2022年工作要点指出，要实施教育数字化战略行动。教育部部长怀进鹏认为，数字教育是“数字中国”的一个重要组成部分，所以推动数字教育、促进教育现代化、实现教育强国，为中国社会乃至世界提供更好的教育平台，建设学习型社会、实现终身学习，有着非常重要的意义。教育部一直都在大力推进教育信息化和数字化。在2022年的教育部工作要点中，把全面启动国家教育数字化战略行动作为一项重大工程，加速推进教育数字化。建设国家教育数字化大数据中心；把服务学生学习、服务教师备课和教学、服务学校管理、服务教育研究，以及未来服务教育改革这五大功能，作为教育资源中心的重要内容。

在教育部的领导下，由教育部教育技术与资源发展中心（中央电化教育馆）建设运维的国家中小学智慧教育平台正式上线。从2022年3月1日至10月底，平台注册用户已超过4,788万人，资源总量达到4万条，累计浏览量达125亿次，日均达到5,230万次。平台用户覆盖全国所有省（区、市）及全球180多个国家和地区，在拓展优质教育资源供给渠道、创新资源共享模式、服务“双减”落地、应对疫情防控等方面发挥了不可替代的作用。

参考文献

1. 黄奇帆，朱岩，邵平. 数字经济：内涵与路径[M]. 北京：中信出版社，2022.

2. 娄支手居.第四产业：数据业的未来图景[M].北京：中信出版社,2022.
3. 王晓云,段晓东,张昊.算力时代：一场新的产业革命[M].北京：中信出版社,2022.
4. 中国信息通信研究院.数字经济概论：理论、实践与战略[M].北京：人民邮电出版社,2022.

第二章　数字技术给教育带来的变革与发展

数字技术对教育发展具有革命性影响，随着以人工智能、大数据、物联网、云计算为代表的数字技术的快速发展，数字技术成为推动人类社会思维方式、组织架构和运作模式发生根本性变革的重要力量。面向新时代的基础教育，多样化、弹性化的学习需求与日剧增，数字技术开始成为推动教育改革、推动实现教育高质量发展和教育现代化的核心和关键。

基于数字技术，发展数字教育，实现数字技术与教育教学的深度融合，能够丰富智能教室、自适应学习、学情智能诊断、智慧课堂评价等场景应用，推动线上线下融合互动，改善教学方法，增强教学过程的创造性、体验性和启发性，撬动课堂教学发生深层次变革，创新教育教学和人才培养模式，提升教学效果和教学效率，更好服务于育人本质，推动教育高质量发展，为实现更加优质均衡的教育提供强大动力①。

---

① 怀进鹏. 数字变革与教育未来——在世界数字教育大会上的主旨演讲[EB/OL]. (2023-02-13)[2023-02-14]. http://www.moe.gov.cn/jyb_xwfb/moe_176/202302/t20230213_1044377.html.

一、数字技术推动产生了教育的新形态

数字技术已经营造了一个与我们熟悉的实体世界相对应的虚拟世界：一个基于实体世界又脱离实体世界并独立运行的虚拟世界。这个虚拟世界占据了我们生活越来越大的空间、越来越长的时间，而且正逐步地控制我们在实体世界的生活。与此同时，与虚拟世界相对应的网络空间、在线教育也悄然兴起，不仅为实体教育助力赋能，也与实体教育相互融合，形成前所未有的教育功能，产生变革教育、重塑未来的强大力量。

数字技术突破了物理世界学校教育的时空。说到教育，我们立即会联想到一座座学校、一排排教室，固定的人在固定的地点和固定的时间学习固定的内容。随着数字技术的快速发展，学校教育所依托的时间限制和空间限制被超越，人的组织交往方式也得到了极大丰富，一个无边界的、泛在化的学习世界正在形成。传统教育的以教为中心正在向现代教育的以学为中心转变，传统课堂教学的以教师为中心正在向智慧课堂的以学生为中心转变。任何人可以在任何地点、任何时间，以他们认为合适的节奏和方法学习任何内容正成为现实。

数字技术打破了传统学校教育以校园为围墙的封闭体系。工业革命以后形成的现代教育制度是一个封闭的教育体系。特定的人群在规定的时间上学，在规定的时间毕业，然后进入下一个学习阶段，梯度延伸。与之相应，在每个学习阶段学习规定的内容。相同年龄的人被认为具有相同的认知水平、兴趣爱好、发展空间，入学之前他们被假设是一张白纸，所有人都从一个起点起步，一切从 123 开始、从 ABC 开始，通过统一的教材学习同样的内容。这种相对稳定的、制度化的安排，适应了大规模普及教育的管理需要，廉价高效。但是它忽视了每个人的不同特点、

不同需要和不同潜能。而数字教育突破了学习的边界，突破了原有封闭的体系，每个人可以根据自己的需要和兴趣，选择不同的学段、不同的课堂、不同的老师、不同的伙伴，从理论上说，每位学生可以选择所有的老师，每位老师可以为所有学生服务。移动学习、泛在学习成为现实，数字技术推动传统教育向随时随地随需的学习转变。

二、数字技术推动教师研修的新发展

教师是教育教学活动的组织者，高质量的教师队伍是高质量教育教学的关键力量。2022年，教育部启动了国家教育数字化战略行动，以前所未有的力度全面推进教育数字化转型。教育数字化战略行动对教师提出了新的要求，旨在提升教师数字化教学能力的政策、举措也在持续更新中。教育部教师工作司司长任友群指出，新时期教师培训面临着培训资源供给、流程模式、培训管理与治理等方面的挑战，反映出传统教师培训服务供给与新时代教师个性化需求之间的结构性失衡。破解这一矛盾的思路之一是实现大数据支持下的教师培训循证决策，从资源供给、培训服务、队伍治理三个层面推动基础教育教师培训的供给侧改革。数字时代基础教育教师培训供给侧改革需要依托数字化平台和信息化手段，构建“教师数字驾驶舱”，充分发挥教师大数据这个新生产要素的动力引擎作用，推动教师培训与教师队伍治理的数字化转型，助力教师队伍建设的宏观分析与顶层决策①。

2022年3月28日，国家智慧教育平台正式升级上线，平台

---

① 任友群，冯晓英，何春. 数字时代基础教育教师培训供给侧改革初探[J]. 中国远程教育，2022(8)：31-38，78.

推出了“教师研修”专题，按照“师德师风、通识研修、学科研修、作业命题、幼教研修、特教研修、国培示范”的框架提供学习资源。2022年教育部在国家智慧教育平台开设了“暑期教师研修”专题，面向全国各级各类学校1,313.6万教师，其中基础教育暑期研修专题的参训人数超过1,100万人，覆盖了全国大部分中小学校，进一步开拓了教育信息化创新发展的中国道路，丰富了中国特色教育信息化的内涵。国家智慧教育平台在扩大优质资源普惠共享、促进教师发展机会公平、提高教师培训效能等方面发挥了重要作用，成为助推新时代高素质教师队伍建设的强大技术杠杆。

三、数字技术促进产生新的学习方式

随着云计算、大数据、人工智能、区块链和5G等数字技术的飞速发展，数字化转型已成为各国与国际组织的重要战略。作为新时代的主人，学生们需要具备数字时代高效获取知识，提升技能的素质，才能把握数字时代所带来的机遇，理解数字时代知识的呈现方式，并形成自己的知识结构，适应进而引领数字时代的发展。

随着教育数字化的推进，知识的获取途径变得更广泛，知识结构的建构过程更加的个性化，这个过程更加强调学生学习的自主性。学生需要在学习过程中不断梳理自己掌握的知识，对照教学目标，回顾自己的学习进度，反思自己的薄弱之处，并根据自身学习情况，自主地进行查漏补缺，巩固提升，发展创新。在这个过程中，管理者、教育者通过先进的技术手段和丰富适切的教学资源对学生学习情况进行记录、评估，为学生提供尽可能符合其需求的资源和指导。

明确学习目标，做好学习计划。网络信息的丰富性和获取的便利性，可能会影响学生学习的目的明确性，致使时间的浪费，信息的偏听偏信等，这就需要学生在进行数字化学习时具有明确的学习目标，对自己所要达到的学习要求有清晰的认识，并能够主动规划和安排自己的学习计划，加强自我管理和控制能力。

随着人工智能技术的发展与革新，学生的学习水平和知识掌握程度可以得到智能系统的实时记录和测量，并自动匹配适合的辅助学习资料。学校可以通过自适应学习平台的系统升级与技术革新促进教师工作效率的显著提升。通过充分利用人工智能技术，系统可以根据学生的学习特征与教育指导需求对其展开分类，并基于不同类别学生群体的共性特征制定出针对性的指导建议。在此基础上，教师可以对同一类别的学生开展指导，从而更高效率、更高质量地推进个性化的教育教学指导工作。这使得师生的交流更加精准、及时、高效。教师从重复性的工作中脱离出来，可以使其更有精力来关注每个学生的差异，也使每个学生都有机会得到教师的关注。

主动构建知识结构，加强思考创造。数字时代，知识获取的便利性，给学生自主学习带来方便，但如果过于依赖结果，忽略思考和探索的过程，将不利于学生思考创造能力的培养。因此需要引导学生自主构建自身知识结构，主动思考，不迷信不依赖轻易获取的答案。

四、数字技术拓展了师生互动的时空

教师和学生之间的交流、互动是课堂教学的重要组成部分，良好的师生互动行为是高效课堂教学的基础和关键。在现实的物理世界中，一个人只能进一所学校，在一个班级里学习，与有限的老师和同学交往。九年甚至十二年被锁定在一个非常有限的交往圈里。“好生”“差生”被贴上了固定标签，形成了固定身份的小社会。如果一个学生进入了一所好学校，遇到了一位好老师，那是一生的幸运，反之那就是一生的不幸。数字技术与教育教学的深度融合，改变了教师的教学方式、学生的学习方式，特别是师生之间的互动方式，拓展了师生交流的时空。在数字教育的世界里，“海内存知己，天涯若比邻”，每个人都有很多的虚拟朋友圈，交结各种网上朋友。人们在这些朋友圈具有不同的身份，谈论不同的话题，每个人可以根据自己的需要和时间，在不同的朋友圈里面腾挪跳跃，帮助别人和寻求别人帮助。

五、数字技术丰富了教育教学资源

课程决定了教育内容的性质、多少、难易和内容的编排方式；教材是课程的具体化，是课程的理念、目标在具体的知识、练习、实验中的落实；课堂是教授内容的场所和时间规定，把教学内容安排在稳定的45分钟内完成。课程、教材、课堂形成了稳定的内容传递结构，这样的结构也固化了每位教师和学生的教学方式和活动方式。

在传统课堂中，教师依据教材而教、学生依据教材而学，教师和学生的自主性和选择空间都很小。而在数字化学习的世界里，学习者从统一内容的接受者转变为海量内容的选择者。学习的内容及其呈现方式，引发了学生学习方式的重大变化，使学生在获取学习内容的时候更加有目的性和针对性。

人工智能技术的发展，使得异质化的课程设置成为可能。通过自适应技术帮助学生根据自身的学习兴趣和知识储备开展个性化的学习内容定制，更容易实现因材施教，凸显“以学生为中心”的教育理念。在自适应学习技术的支持下，通过大数据采集分析技术与人工智能技术的深度融合，收集学生的基础信息

和学习行为数据并深入挖掘，分析学生知识储备、认知方式、学习能力、学习风格以及需要补充完善的知识内容，为学生推荐最适合的培养方案，最适切的学习资源，对学生学习过程进行检测与评价，引导学生进行最适合自身的学习活动，对薄弱环节给予必要的示例、练习推送，对偏离培养方案或者学习进度滞后的情况，及时提醒学生及教师给予必要的关注和指导，在必要的情况下调整培养方案及教学内容。自适应学习技术还可以为卓越的学生提供更多的探索和创新空间，在学校必修选修课程体系及教师指导之外，根据学习者的学习情况，系统自动整合推送更多更有深度的学习研究内容，充分挖掘学生的发展潜力。

六、数字技术推动教育管理向教育治理转变

《教育部 2022 年工作要点》提出了实施教育数字化战略行动，要求发挥网络化、数字化和人工智能优势，创新教育和学习方式，提高教育数字化治理水平，加快实现教育的均衡化、个性化、终身化。提高教育治理水平既是推进教育数字化进程，也是提高教育数字化水平的需要。

数字化转型与教育治理的关系可以从三个方面来把握：一是运用数字化技术提高教育治理水平；二是营造有利于教育数字化发展的环境，为教育数字化转型创造条件，促进数字化与教育的深度融合；三是把握教育数字化的本质特征，以育人为导向，发展有温度的数字化教育。

关于教育数字化治理，中国教育学会副会长袁振国认为可以从为教育数字化的治理和对教育数字化的治理两个方面理解①。

---

① 袁振国.数字化转型视野下的教育治理[J].中国教育学刊，2022(8)：1-6，8.

为教育数字化的治理。如何把数字化引发教育巨大变革的可能性转化成现实性，如何实现教育数字化的转型，不仅是技术问题，更是治理能力和治理水平问题，加深对教育数字化意义的认识，采取积极开放的态度，建立与之相应的制度、机制，掌握数字化教育的技术和方法，形成有利于数字化转型的治理能力、治理方式，才能促进数字化与教育的深度融合，重塑教育未来。

对教育数字化的治理。一要深刻认识教育数字化的本质。对教育数字化的治理，要以人为中心，以促进人的全面、自由、个性化的发展为目的，不断创设和开辟新的教育形态、教育场景，以解决问题和实际需要为导向，以教育规律和人的发展规律为引导，实现从"数字化+教育"向"教育+数字化"的转变，在促进人的发展过程中发挥数字化的独特价值，让技术为育人服务，发展有温度的数字化教育。

利用数字技术，发展数字教育，实现数字技术与教育教学的深度融合，能够突破时空限制，跨学校、跨区域分享教育资源，改变教育形态，助推教育公平；发展数字教育，能够促进教师发展，变革学生学习方式，使课堂教学发生深层次变革，创新课堂教学和人才培养模式，推动实现基础教育高质量发展；发展数字教育，丰富了教育资源，拓展了师生互动的时空，优化了教育管理，向实现教育治理转变，能够提升教育公共服务水平。随着科技革命向纵深发展，数字技术成为教育变革和高质量发展的动力引擎，不断推动建设创新型大国，培养创新型人才，实现教育现代化。

第三章　基础教育数字化的内涵与特征

当今世界，以人工智能、大数据、物联网、云计算为代表的数字技术发展日新月异，数字技术与教育教学不断走向深度融合，教育信息化发展到以教育数字化为特征的新阶段。今天的基础教育数字化，与人工智能、大数据、物联网、云计算等数字技术的发展密切相关，正是数字技术的快速发展和在教育中的深度应用，推动实现了基础教育的数字化，推动了基础教育的变革与发展。另外，从以幻灯、投影、广播、电视等为代表的视听技术，到计算机、多媒体等为代表的信息技术，到今天的以人工智能、大数据、物联网、云计算等为代表的数字技术，推动了基础教育信息化经历了从视听教育、信息技术教育到数字教育这样的发展过程。本章从发展角度，简要论述了基础教育信息化发展到数字教育的发展历程，分析了基础教育信息化与基础教育数字化的差异，并分析了基础教育数字化的内涵与特征。

第一节　基础教育数字化：基础教育信息化发展的新阶段

教育数字化与教育信息化密切相关，没有教育信息化也就没有教育数字化。为了准确理解教育数字化，我们首先来分析教育信息化。教育信息化从概念来说，不同学者有不同的观点。比如，南国农先生认为，教育信息化就是在教育过程中应用现代信息技术，开发教育资源，优化教育过程，不断提升学生的信息素养，促进实现教育现代化的过程[①]；祝智庭教授认为，教育信息化是在教育领域当中运用现代信息技术，促进教育改革和发展的过程，进而形成信息化教育[②]。上面的概念虽然略有不同，但是，其本质是不变的。一般都认为，教育信息化是在教育教学过程中，广泛应用信息技术，促进教育事业发展，实现教育现代化的过程。从上面定义可以看出，在教育教学过程中，应用信息技术才产生了教育信息化。由于信息技术不断发展进步，教育信息化是一个不断发展的历史过程，所以，教育信息化是动态发展的，它随着信息技术的发展而不断发展。根据信息技术的自身发展以及在教育中的应用，教育信息化可以分为三个发展阶段：视听教育、信息技术教育和数字教育。与之相对应，基础教育信息化也随着信息技术的发展而不断发展，它也可以分为基础教育阶段的视听教育、信息技术教育和数字教育。

一、视听教育

视听技术包括视觉媒体和听觉媒体，相应对人的视觉和听觉产生影响。视听教育是利用幻灯、投影、广播、电视、电影、录音、录像等技术手段或工具开展的教育教学活动。视听教育依靠视听技术，将课堂知识以更加直观、形象、具体的方式呈现给

---

① 南国农. 教育信息化建设的几个理论和实际问题（上）[J]. 电化教育研究，2022(11)：3-6.

② 祝智庭. “教育信息化带动教育现代化”的文化诠释[J]. 中小学信息技术教育，2007(5)：20-22.

学生，能够充分调动学生的视觉听觉感官，改善课堂教学环境，增强学生的学习体验，加深学生对知识的理解，使学生能够更有效地接受信息，从而提升课堂教学效果。

在 19 世纪 90 年代，幻灯开始进入教育领域，后来无声电影出现，无声电影片开始在教育中得到应用，这个阶段的教育形式称之为视觉教育。后来随着广播、电视、录音、录像技术的发展和普及应用，其在教育中也得到了广泛应用，通过视听技术或视听媒介开展的教育教学活动，我们称之为视听教育。影像媒体手段在教育中的应用，为学习者提供的信息量得到增加，丰富了学习内容，改善了学习方式；视听技术还能够创设生动形象的学习情境，改善课堂教学氛围，让枯燥的知识学习变成生动形象的感性认识，更接近学生的现实生活，增加学生的情感体验和感官感受，吸引学生的注意力，激发学生的学习热情和学习兴趣，提高学习的积极性和主观能动性；视听技术手段的形象直观，能够改变纸质教材的知识呈现方式，解决教学中的重点难点，辅助语言教学，优化课堂教学，拓展课堂教学容量，强化对知识的理解记忆，提高教学效果和教学效率；广播电视等视听技术还能够突破时空限制，发展远程教育，从而改变知识的传播方式，扩大教育规模，提高教育教学效率。

发展视听教育，能够转变教师单一讲授为主的知识传承方式，丰富知识的呈现方式和传递方式，促进学生认知发展，优化教育过程，还能够转变教师的教学观念，解决师资短缺问题，共享优质教育资源，提高教学效果和教学效率。

二、信息技术教育

从 20 世纪 90 年代开始，计算机、电子技术、互联网、多媒体技术为代表的信息技术得到了快速发展，并在教育教学中得到深入、广泛应用，基础教育信息化开始了信息技术与学科教学相整合的信息技术教育阶段。在信息技术教育发展过程中，信息技术作为技术手段和工具，能够与学科教学相整合，从而营造丰富的教育教学环境，丰富教育内容，提供便捷的教育教学工具，改变教育内容的呈现方式、教师的教学方式、学生的学习方式和师生的互动方式，从而提高教学效果和教学效率。此外，信息技术教育还包括在中小学开设计算机课程，培养学生的信息素养，提升学生的信息技术技能。

信息技术的应用，为教师的课堂教学创设了丰富多彩的教学情境，把教师的课堂教学融入学生的现实生活，栩栩如生的多媒体情境，为学生的认知发展、兴趣激发、思维拓展提供了多维空间。信息技术创设的教学情境，形象生动、图文并茂，可以让学生体验亲临其境、亲历其中的感觉，让教学知识在学生的体验中理解，在理解中深化，在深化中升华。这样的课堂教学，加深了学生对知识的理解，激发了学生的学习兴趣，提高了课堂教学效率。

信息技术与教育教学相整合，促进了教育观念的转变。传统的课堂教学，教师处于支配地位，学生处于被支配的地位，课堂在教师的掌控之中，教师讲什么，学生学什么，教师是知识的垄断者，学生在教学过程中没有什么选择权，学生知识的获取只有通过教师。信息技术的引入，改变了这样的教育观念。在信息技术与教育教学相整合过程中，互联网能够为学生提供丰富的学习资源，信息技术可以创设逼真生动的学习场景，学生在教师的帮助下，依靠信息技术，能够开展自主学习，实现知识的建构，依靠互联网，可以获取知识，教师是学生学习的促进者、支持者、指导者和帮助者，而不再是学生获取知识的唯一途径。学生在教师的帮助下，依靠信息技术创设的学习情境和提供的丰富学习资源实现知识获取和知识建构，学生学习的积极性和主动性得以激发，创新思维、创造能力得以培养，师生关系和教师角色发生变化。

信息技术与教育教学相整合，促进了教育模式的转变。信息技术的发展应用，特别是互联网技术的普及应用，使传统的以学校、教师、课堂、教材为中心的教育活动发生改变。互联网打破了传统学校和课堂的时空边界，拓宽了学生的学习时空，丰富了学生获取知识的途径和手段，学生在选择学习场所、学习内容和学习方式上具有更多的灵活性和自主性，使得以教师为中心的传统课堂成为教师为主导、学生为主体的现代课堂。信息技术的普及应用使得师生关系发生改变，在信息技术支撑下，面对互联网，教师和学生同样具有获取知识的权力和自由，面对海量的互联网资源，教师同样是一个“小学生”，依托信息技术和互联网的知识获取和信息交流，形成了一种新型的师生关系。互联网面前，师生是平等的，这种平等的师生关系有助于师生的教学相长，还能增加学生在课堂教学中的主动参与意识，学生逐渐成为课堂教学的中心和主人，以教师为主导、学生为主体的教育模式得以确立。

信息技术与教育教学相整合，能够实现学生的自主、合作、探究式学习，促进学习方式转变。多媒体学习环境和信息技术创设的丰富多彩的学习环境，贴近学生的现实生活，有助于激发学生的学习兴趣，激发学生的学习欲望，互联网为学生学习提供了丰富海量的学习资源和学习内容，供学生选择、加工和使用。在教师的帮助下，基于信息技术，学生可以自主选择学习内容，确定学习方式，安排学习时间，选择学习伙伴，实现学习的自主化。信息技术手段为学生提供了资源共享的平台、师生互动的平台、团结协作的平台，创设了协作交流的学习环境，学生在教师的帮助下，依靠信息技术手段，突破时空限制，采用丰富多样的交互方式，组成学习小组，开展合作学习，共同完成学习任务，增进彼此感情，培养合作意识和竞争精神。信息技术能够创设生动形象的学习情境，接近学生的现实生活，形成有利于学生发现、探究的学习场景，唤起学生学习的欲望，激发学生学习的兴趣，引发学生的好奇心，使学生产生自主探索的兴趣，积极参与学习活动的信心。互联网上丰富海量的学习资源，为学生自主发现、拓展知识、探索未知提供了工具和手段，有助于提高学生学习的积极性，培养自主探究的意识，增强学生的实践创新能力。

三、数字教育

进入21世纪以来，以人工智能、大数据、物联网、云计算为代表的数字技术得到了快速发展和普及应用，并实现了与教育教学的深度融合，赋能教育变革与发展，成为推动实现教育现代化发展的内生变量，教育信息化进入了数字教育发展的新阶段。数字教育是教育信息化发展的新阶段，也是教育信息化发展的新形态，数据在教育数字化发展中的作用日益重要，以人工智能为代表的数字技术在赋能教育、实现教育数字化的过程中起着关键性作用。在数字教育的新阶段，数字技术的"智能性"更加凸显，技术应用更加"智能"，数字技术使得教育教学更加"智慧"。在基础教育阶段，在应用数字技术，实现教育数字化的过程中，推动构建了人才培养的新模式、教育服务的新模式和教育治理的新模式。

1. 数字教育推动实现了人才培养模式创新

由于人工智能、物联网、大数据、云计算为代表的数字技术的快速发展和普及应用，出现了在线教育这样的教育新形态，实现了学习的个性化，产生了创客教育和 STEAM 教育，推动实现了中小学阶段人才培养模式的创新。2020 年开始的新冠肺炎疫情影响了学生的正常课堂教学，为了实现“停课不停教、停课不停学”，我国开启了全学科、全学段、全体教师和全体学生的线上教学和线上学习，推动了在线教育的快速发展。在线教育突破了现实学校和课堂的边界，跨越了时空界限，构建了服务全面终身学习的教育体系，有助于加快发展面向每个人、适应每个人的更加开放灵活的教育体系。微课和慕课的出现和应用，改变了我们传统的教育理念，产生了新的教学与学习方式，满足了学生多样化的学习需求，扩大了教育规模和教学覆盖面，共享了优质教育资源，减小了教育鸿沟，解决了基础教育发展不平衡不充分的问题，提升了教育质量，推动了人才培养模式的创新。

由于人工智能技术的发展应用，数字资源的开发，智慧教育平台的开发应用，个性化学习开始出现。在教师的指导帮助下，依托智慧教育平台和丰富的数字教育资源，学生可以根据自己的认知发展、学习兴趣以及学习目标，选择适合自己的学习方式，制定自己的学习步调，选用自己喜欢的学习伙伴和学习资源，开展个性化学习。个性化学习能够激发学生的学习兴趣和学习内驱力，增强学生自主学习的意识和信心，学习的积极性和主动性得到提高，还能够提升学生的思维品质，有助于创新型人才的培养。

数字技术的发展和应用，推动了创客教育和 STEAM 教育的发展。创客教育重在发现问题，通过动手实践在做中学，实现问题解决，从而培养学生的动手实践能力和创新思维，丰富课程体系，促进跨学科的创新型人才和拔尖创新型人才培养。STEAM 是融科学（Science）、技术（Technology）、工程（Engineering）、艺术（Arts）和数学（Maths）为一体的跨学科教育，这种教育模式以学生为中心、跨学科融合、体验式教学、合作式学习，突出了综合化、实践化和活动化的特征，让学生突破自身原有认知基础，通过分析、研判、综合等方法，在现有基础和教学目标之间建立逻辑联系，促进学生核心素养的生成和高阶思维的培养，提升学生的实践精神和创新能力，有助于创新型人才的培养。

2. 数字教育推动实现了教育服务模式创新

教育的服务模式把教育看作服务活动，教育服务的直接消费者是受教育者。教育服务是通过教师、课程、教育教学设施向受教育者提供的，其质量表现为教育输入、教育过程和教育结果满足受教育者要求并使受教育者满意的程度①。数字技术的快速发展和普及应用，推动实现教育服务模式的转变和创新。互联网、云计算、人工智能等技术的应用，改变了传统的学校和班级教学模式，各种智慧教育平台和丰富的数字教育资源，突破了传统课堂和学校的时空边界，在教师的帮助下，学生可以开展自主、合作、探究式学习，从而构建时空灵活的新型教育组织方式和开放共享的教育服务供给方式，实现了在线教育、个性化教育、以学生为中心的教育、开放共享的教育和优质均衡的教育，推动实现了教育服务模式的转变和创新。

数字技术与教育教学的深度融合，催生了在线教育这样的教育服务方式。开展在线教育，学生的学习中心地位得以确立，学生可以自定步调开展学习，学生可以选择学习内容，选择学习伙伴、选择学习方式，甚至可以选择授课教师，学生成为学习的中心和主人。数字技术赋能教育教学，催生了教育的个性化。学生既可以在课上学习，也可以在课后学习；学生既可以在校内学习，也可以在校外学习；学生既可以在教师的指导下学习，也

① 金生鈜.高质量的教育如何成为好教育[J].教育研究，2022(4)：28-38.

可以与同伴之间开展合作学习。这样的学习是移动学习，也是泛在学习，是随时随地随需的学习。发展数字教育，可以实现学习内容的个性化。技术赋能的数字教育，构建了课堂教学新模式。基于学习分析技术和大数据技术的帮助，可以实现学生学习过程的动态评价；教师可以制定科学的学科知识与能力图谱、设计精准的学科能力目标体系、设计针对不同层级要求的微课学习资源，根据教学评价来分析学生的学习情况，从而建构学生个性化的学习路网，为学生推送个性化的学习内容，实现个性化的数字教育。数字教育是开放共享的教育，也是优质均衡的教育①。依托数字技术，开发智慧教育平台，可以使全国各地的中小学共享全国优质教育资源，帮助农村贫困地区的中小学开齐课、开好课，即使农村教学点的学生也可以共享优质师资，享受高质量的教育，实现城乡教育均衡优质，推动基础教育高质量发展。在数字技术的赋能下，选课走班、跨校组班、网络联校等新型教学组织形式得以实现，实现了资源共享和教师共研，为学生的学习提供了多样化的服务，助力教育改革发展。

3. 数字教育推动实现了教育治理模式创新

教育治理是指国家机关、社会组织、利益群体和公民个体通过一定的制度安排进行合作互动，共同管理教育公共事务的过程②。教育治理模式是对教育治理体系进行的结构化表征。数字技术的快速发展和普及应用，实现了教育治理手段的革新，缩小了区域之间、城乡之间教育差距，提供了疫情期间的正常教学开展，基于大数据的教育决策和教育治理，提高了教育治理的精准性和科学性，提供了个性化的教育服务，实现了均衡化的教育

---

① 邢西深，李军．“互联网＋”时代在线教育发展的新思路[J]．中国电化教育，2021(5)：57-62.

② 褚宏启．教育治理：以共治求善治[J]．教育研究，2014，35(10)：4-11.

发展,从而产生了教育治理的新模式,实现了教育治理模式的现代化。

数字技术有助于实现教育决策的科学化。传统的教育决策,依靠的是决策层的个人经验、逻辑推理和主观判断,难以科学、全面、准确掌握教育实际,也就难以实现教育决策的科学化。数字技术的普及应用,在线教育的开展实施,使得教育的全过程、全领域、全要素均实现了信息化、数字化和智慧化,教育的全过程、全领域、全要素均可用数据来反映、来体现,也就形成了教育的大数据。基于大数据的教育决策,能够随时获取各级教育行政部门、学校、教师贯彻落实教育方针、政策的真实现状,发现学生学习、教师教学、学校管理、区域教育发展、国家教育政策落实中存在的困难和问题,为各级教育行政部门制定完善教育政策、推动教育发展提供客观、真实、翔实的数据,提升教育决策的效率和质量,实现教育决策的科学化。

数字技术有助于实现教育治理的精准化。数字技术的应用为多元治理主体和治理客体提供了获取多元信息的平台、提供了多种方式的信息交流、创设了参与治理的虚拟时空,这样的治理方式摒弃了科层制、多层级的特点,治理中心下移和扩散,实现了扁平化、网络化的治理结构,为利益相关者的多元利益诉求和解决复杂教育问题营造了良好的治理环境和治理氛围;数字技术赋能使利益相关者能够充分了解教育政策制定、执行的背景、过程和结果,提升利益相关者参与教育治理的积极性、主动性,有助于及时发现政策执行的问题、纠正政策执行偏差、修正政策执行带来的实际效果,实现政策执行反馈的及时性,加大政策的实践推动力,提升政策执行效果和效力,提高教育政策的精准度,提升了教育治理水平,实现了教育治理的精准化。

数字技术有助于实现教育服务的个性化。教育服务个性化是指教育供给服务的个性化或精准化，教育供给服务的个性化来源于教育需求服务的多元化。由于每个学习者的认知发展水平、学习能力、自身素质等存在差异，每个学生在教育教学中的需求是不同的，产生了学生自身需求的多元。同样，由于我国每个地区的经济社会发展水平和教育发展实际等存在差异，各地区对教育资源、教育服务的需求也是多元的、多样的。数字技术的应用和赋能，为教育供给服务的个性化提供了可能。基于人工智能和大数据技术，可以对学习者的学习行为进行画像，挖掘隐藏在数据背后的学习本质和学习规律，比如可以分析不同学习者对知识的掌握情况和自身实际，为不同的学习者推送不同类型、不同难度的学习资源和练习资源，使得每个学习者都能按照自身的认知水平和学习路径开展学习、得到发展，实现个性化学习。针对各地发展实际，通过研判区域、学校的各种数据，动态采集相关数据信息，比如经济社会发展水平、人口数量、学校分布、教师数量与年龄结构等数据，以及教育发展现有基础，采取差异化、动态化方式配置学校、教师以及其它软硬件资源，充分发挥资源的最大效益，避免出现资源闲置浪费和资源短缺不足的现象，实现教育供给服务的精准化、个性化。

数字技术有助于实现教育发展的均衡化。由于我国经济社会发展的客观实际，我国区域之间、城乡之间教育发展存在差异，城市教育比乡村教育质量高，优秀师资和优质教育资源更多聚集在城市。同样，我国东、中、西部地区之间，优质教育资源也存在发展不均衡的实际情况。依靠传统的教育模式和经济投入，区域之间、城乡之间的教育均衡发展存在很大困难，数字技术的应用和赋能，为教育均衡发展提供了现实条件。依托数字技术，建设“三个课堂”，有助于解决偏远农村地区学校课程开不齐、开不足、开不好的问题，解决校际之间教师师资水平不均衡的问题，解决城乡和区域之间校际教育质量差距问题，实现教育数字化转型，推动基础教育优质均衡发展。2022 年 3 月，我国中小学智慧教育平台上线，平台提供了专题教育资源、课程教学资源、课后服务、教师研修、家庭教育、教改实践经验 6 个版块的教育教学资源，供全国的中小学学生、教师和家长学习使用。学生学习版块，能够丰富学生学习渠道，创新研学实践，帮助学生拓宽视野，增长知识见识；家庭教育板块助力家长成长，促进家校共育；教师研修板块帮助教师以德为先、以课为本，丰富教师知识构成，提升教师专业能力，实现教师专业成长，提高教学水平。这个平台，可供全国各地的中小学和家长学习使用，即使边疆山区的农村教学点，也可以充分利用平台上的优质资源开展远程互动教育，获取优质资源，解决山区农村学校的师资不足、资源不够的难题，实现基础教育高质量发展，促进教育均衡，实现大规模个性化的在线教育，实现教育公平。

从视听教育、信息技术教育，到数字教育，基础教育信息化随着信息技术的发展以及与教育教学的融合而不断发展，技术手段不仅对教育教学变革发展的作用日益深化，数字技术已经成为推动教育改革发展，实现教育现代化的内生变量。基础教育数字化的关键是数字技术在中小学教育阶段实现了全流程、全领域、全要素的应用，实现了教育教学过程的数据化、智能化、个性化和泛在化，形成了教育大数据。基础教育的数字化是基础教育信息化发展的新阶段，也是基础教育信息化发展的新样态。基础教育的数字化，能够真正实现教育模式的创新、教育服务的创新、教育治理的创新，能够实现公平而有质量的基础教育，实现教育均衡，促进基础教育高质量发展。

第二节　基础教育数字化的新内涵

基础教育数字化是基础教育信息化发展的新阶段，也是基础教育信息化发展的新样态。基础教育数字化是在基础教育阶段，数字技术与教育教学深度融合，转变教学方式和学习方式，提升教育质量，促进实现基础教育现代化的过程。相比之前的基础教育信息化，从基础教育信息化到基础教育数字化，在教育理念、融合程度、智能化水平、学习空间、网络与数据安全等方面，基础教育数字化具有了新内涵。

一、社会背景不断发生变化

从 20 世纪 90 年代中后期开始，由于计算机技术、互联网技术、多媒体技术等信息技术的发展应用，基础教育信息化进入了信息技术教育的阶段。在世纪之交期间，信息化是当时世界经济和社会发展的大趋势，各国都发展信息技术产业，抢夺经济发展的制高点。在当时，信息技术是最活跃、发展最迅速、影响力最广泛的科学技术领域之一。互联网的发展，不仅改变人们的工作和生活方式，也改变教育方式和学习方式，并开始产生多媒体教学、计算机教学软件、远程教育、虚拟大学等教育教学新样态。在党的十五届五中全会通过的《关于制定国民经济和社会发展第十个五年计划的建议》提出要在各级各类学校积极推广计算机及网络教育，在全社会普及信息化知识和技能。在当时，我国基础教育信息化发展过程中具有影响力的事件是全国中小学信息技术教育工作会议的召开。这次会议提出：从 2001 年起用 5 至 10 年左右的时间在全国中小学开设信息技术课程，加快信息技术教育与其他课程的整合，基本普及信息技术教育；全面实施“校校通”工程，使中小学师生都能共享网上教育资源，提高中小学教育教学质量，努力实现基础教育的跨越式发展，以信息化带动教育的现代化①。

从 21 世纪第二个十年开始，以人工智能、大数据、物联网、云计算为代表的数字技术得到了快速发展和普及应用，开启了教育数字化发展的新阶段。教育数字化的发展离不开数字经济、数字中国、数字政府、数字社会的发展，时代发展的数字化推动教育进入了数字化发展的新时代。

当前阶段，数字化已经成为当今社会的显著特征。2022 年 3 月，第 49 次中国互联网络发展状况统计报告显示，截至 2021 年 12 月，我国网民规模达 10.32 亿，互联网普及率达 73.0%，我国网民人均每周上网时长达到 28.5 小时，即时通讯、网络视频等应用广泛普及，在线教育已经成为一种常态化的教育方式，在线医疗、办公用户保持较快增长，互联网已经深度融入我们日常的学习、工作和生活，推动我国经济社会发展进入了数字化时代。

2015 年，习近平总书记在第二届世界互联网大会上提出“建设数字中国”的倡议。2021 年 3 月，时任总理李克强在全国“两会”政府工作报告中指出：加快数字化发展，打造数字经济新优势，协同推进数字产业化和产业数字化转型，加快数字社会建设步伐，提高数字政府建设水平，营造良好数字生态，建设数字中国。《中华人民共和国国民经济和社会发展第十四个五年规划和 2035 年远景目标纲要》提出加快建设数字经济、数字社会、数字政府，以数字化转型整体驱动生产方式、生活方式和治

① 陈至立.在中小学信息技术教育会议上的报告[N].中国教育报，2000-11-07(1).

理方式变革，建设数字中国。建设数字中国已经成为我国经济社会发展的一项重大战略。

基于数字技术，积极发展数字教育、数字医疗、数字就业、数字社保等便民应用，利用数字技术解决社会公共问题，拓展社会公共服务领域，建设智慧城市和数字乡村，满足全民共享数字社会发展的美好愿景，使全民畅享数字生活带来的便捷服务，促进生活方式提质优化。基于人工智能、大数据、物联网等数字技术，辅助政府科学决策和社会治理，提高政务服务效能、优化社会治理，提升社会治理水平。

基于数字技术，建设数字政府，通过统一接入、覆盖全国的数据集中共享的"互联网+政务"大平台，打破现实社会存在的"行政壁垒"和"信息障碍"，促进各部门、各地区之间的业务融合、数据互通，推动多方协同参与政府治理，提升国家治理现代化水平。基于数字技术助推城市管理，可以实现管理手段和管理模式创新，在疫情防控、病毒溯源、防灾救灾等方面帮助政府精准研判社会发展过程中的问题隐患，提高应对各种风险挑战的能力，使防控工作更加精准，有效化解社会风险，提升政府治理水平，推动实现政府治理体系和治理能力现代化。

数字教育进入新时代，我们的社会已经发生了深刻变化，当今社会已是数字化社会，发展数字经济，建设数字中国是当今社会的时代要求，所以发展数字教育，建设数字中国，是我们的必然选择。

二、教育理念持续更新

计算机技术、多媒体技术和互联网技术的应用，开始出现多媒体教学，创设了信息化教学环境，开发了信息化教学资源，学生获取知识更加便捷、获取知识的途径也更加多元，信息技术教育开始出现。与此相对应,新的教育理念开始出现。在教育信息化发展中,开始关注人性化的教育环境,创建宽松和谐的课堂气氛,构建线上线下和谐的师生关系以及以学生为中心的教学模式。教育信息技术的发展,也需要开始关注人的生命成长,教育信息化的发展需要把学生的成长放在首位,学生的发展和生命成长是教育信息化的核心。信息化教学方式使得学生学习的中心地位得以确立,师生关系和角色发生转变,教师和学生开始成为伙伴关系、合作关系,教师开始成为学生获取知识、生命成长的指导者、促进者和帮助者,教师不再主要向学生传授知识,而是帮助学生去发现、获取和构建知识,学生的主体地位得到了增强。

进入数字教育阶段,原有的教育观念不断更新,原有的教育理念得到了进一步发展。教育数字化阶段学生学习的中心地位进一步增强,这样的学习是自定步调的学习,学生可以基于自己的知识掌握情况和学习兴趣进行学习,可以开展与学习同伴之间的合作学习,也可以在教师的指导下开展研究性学习,学生可以选择学习伙伴,也可以选择指导教师,还可以选择学习资源。学生可以根据学习内容,安排自己的学习进度,选择自己的学习方式,查找自己需要的学习资源,选择自己喜欢的学校课程和教师的课程。所以,数字教育带来教与学的方式发生了根本变化,学生在学习中的角色和地位发生了转变,学生成为了学习的主人,成为学习的中心。

三、相互融合走向深入

教育信息化是信息技术在教育教学中的应用,改变教育模式和学习方式,提升师生的信息素养,推动实现教育现代化的过程。基础教育信息化在信息技术教育的发展阶段,信息技术是一种开展教学和学习的手段和工具，信息技术教育的目的是通过信息技术与学科教学相整合，实现教育内容的呈现方式、教师教的方式、学生学习的方式和师生互动方式的变革。在这个阶段，信息技术既是学习的对象，通过培训培养、开设信息技术课程等方式提升师生的信息技术技能；同时也是学习的手段，学习的工具，这个手段和工具通过改变教学方式、改变学习方式、创设丰富多彩的教育环境，改变课程形态实现教师的教学和学生的学习，从而发挥作用。这个手段和工具是外在于课堂教学要素的，通过作用于课堂教学要素，优化学科知识体系，改进教学过程。它以提高课堂教学的有效性为主要目的，是以技术应用为主导推动教育教学变革发展的单向应用整合。按照联合国教科文组织关于“信息技术与教育融合发展的四阶段”——起步、应用、融合、创新的划分，信息技术教育阶段，也即信息技术与学科课程相整合的阶段，处于融合发展的起步阶段，并迈向应用阶段。

随着数字技术的快速发展，特别是人工智能、大数据、物联网、云计算等技术的发展应用，以及数字技术在教育中的深入广泛应用，数字技术已经从作用于课堂教学的手段、工具，成为教育教学的内生变量，教师和学生不仅具有较高的数字技术能力，而且具有了较高的数字技术素养；数字技术已经与课程结构、课程内容、课程资源以及课程实施等方面有机地融合为一体，这时的数字技术已经不仅仅是课堂教学的手段和工具，而是信息技术在教育教学中更深层次、更系统性的应用，人机协同的教育形式开始出现，它对教育教学的深层次变革的作用日益凸显；它能够营造数字化的学习环境，实现学习方式的转变，有助于开展自主、合作、探究式学习，提高课堂教学效果；它能够突破现有的时空限制，实现虚拟的网络空间和现实物理学习空间的结合，整合共享优质教育资源;它能够实现课堂教学模式创新,能够促进学生思维品质培养,激发学生的创新创造能力;它能够重塑教育服务体系,实现优质教育资源服务供给途径更加多元,供给方式更加精准和个性化。发展数字教育的目的是优化教育生态,实现智慧教育。对应于信息技术与教育融合发展的四阶段,数字教育处于从融合向创新转变的发展阶段。

四、技术发展越发智能

基础教育信息化与数字技术的发展息息相关,由于人工智能、大数据、物联网、云计算为代表的数字技术和电子技术、计算机技术、多媒体技术等为代表的信息技术在信息化、数字化、网络化、智能化方面差异巨大,所以信息技术教育与数字教育在智能性方面差异较大。

在信息技术教育阶段,信息技术与学科课程相整合是主要的信息技术应用方式,信息技术主要为学生的学习提供有力的学习手段和学习工具,创设丰富多彩的教育环境,可以改变教育内容的呈现方式、教师的教学方式和学生的学习方式、师生的互动方式,在这样的应用中,信息技术仅仅是作为技术手段技术工具,它只是改变了教学的组织形式,所以这里的信息技术还谈不上智能,还不具备智能的特征。进入数字化教育阶段,由于人工智能、大数据、物联网、云计算等数字技术越来越“智能”,数字教育开始具有“智慧”。数字教育阶段,各种学习终端和智慧教育平台得到广泛应用,学生的学习过程形成了教育大数据,基于这些大数据,利用人工智能和学习分析技术,可以准确分析学习者的个性特征、认知发展基础,制定个性化的学习方案,依靠智能系统,为学习者提供个性化的学习资源,实现个性化学习,促进每个学习者发展,数字教育开始具备了“智能”的特征。

五、学习空间转向虚实融合

信息技术教育阶段，通过信息技术与学科教学相整合，可以创设丰富多彩的教育环境，但这时的学习，还是基于现实物理空间的学习，还是在校园之内、在学校课堂中的学习，信息技术只是提供了学习手段和学习工具，它改变的是教育组织形式。在数字教育阶段，网络学习空间开始出现，这是一个虚拟的学习时空，是基于互联网、云计算等数字技术的虚拟学习空间。在这样的空间中，教师也可以开展教学，发布学习任务单，进行答疑解惑，组织学生开展合作学习、探究式学习。在这样的空间中，学生可以听老师讲课，可以通过搜索学习资源进行自主学习，也可以与学习伙伴进行交流探讨。这是一个与现有的物理时空一样的虚拟学习时空，甚至学习资源比现有学校与课堂的学习资源更丰富，它打通了课内与课外，实现了跨班级、跨学校、跨区域的资源共享，关注了每一个学生，记录了完整的学习过程，促学功能更强大，实现了基于数据的教育教学和学生综合素质评价。网络学习空间与现实的物理学习空间形成的虚实融合的学习时空，为学习者提供了更丰富的学习方式和学习空间，促进了学习者的多样化发展。

六、网络与信息安全日益凸显

在信息技术教育阶段，信息技术作为学习的有力手段和工具，只是辅助学生的学习，各种智能系统和学习平台应用还不普遍，所以网络和信息安全问题还不凸显。进入数字教育阶段，学生的学习过程、综合素质评价等均实现了数字化，学生的个人信息、认知基础均实现了数字化，均可用数据来反映，各种智慧教育平台为数字资源共享带来便利的同时，也存在网络被攻击、信息被窃取的安全风险。数字技术的普及和应用,为教育教学和资源共享带来便利,同时也为非法信息的传播提供了空间,网络空间中存在着不适宜学生接触浏览的大量信息,中小学生的网络安全意识还不够强,黑客攻击危害严重,针对中小学生的网络诈骗、隐私泄露等现象时有发生,含有色情、暴力内容的网络游戏严重影响了青少年的身心健康发展,发展数字教育过程中面临的网络与信息安全问题日益凸显。

第三节　基础教育数字化的基本特征

教育数字化是教育信息化发展的新阶段,也是教育信息化发展的新形态,对于基础教育阶段来说,基础教育数字化也是基础教育信息化发展的新阶段,并且是基础教育信息化发展的新形态。相对于之前的基础教育信息化,由于数字技术的加持与赋能,基础教育数字化逐渐呈现出数据化、智能化、个性化、泛在化和均衡化这样的新特征,并且实现了数字技术与教育教学的深度融合,推动了基础教育的创新发展。

一、数据化

中央全面深化改革委员会第二十六次会议提出,当今时代,数据已经成为新型的生产要素,是数字化、网络化和智能化的基础。进入数字教育发展阶段,各种数字化教学设备、学习终端,各种智能管理系统和教学与学习平台得到了广泛应用,并融入了教育教学的全过程、全要素。数字校园、智慧校园的建设应用,智慧教室的普及推广,智慧教育平台的开发建设,为我们的中小学教育构建了新型数字化教与学环境。学生的课前预习、课堂听课、课后作业、学习检测等均实现了数字化,推动实现了

教育教学的全要素、全流程、全领域的数字化，教师的教学、学生的学习、教育教学评价和教育管理均可以由数字化的技术手段来反映和展现。数字化的技术手段使教育教学过程产生大量数据并形成教育大数据。数据成为新时代推动教育变革发展的新能源，数据也是新时代基础教育数字化的基本元素，它能够支撑教育决策，提升教育治理水平，服务课堂教学。数据成为了基础教育数字化的基本内核和最基本元素，数据化成为基础教育数字化的基本特征。

二、智能化

数字技术的赋能，为中小学教育教学问题解决、高效开展提供了有效支撑，基础教育数字化开始呈现智能化特征。进入数字教育时代，基础教育的教学环境呈现了开放的特征，打通了学校、社会、家庭之间的信息流通壁垒，能够实现数据共享、设备协同、知识互联、群智融合，让学习更轻松、更有效。依靠各种智能教学系统，教师可以借助大数据分析技术，全面分析学生的学习需求和学习特征，了解学生的学习进度，查找分析学生学习过程中存在的问题和学习结果，着重选择能够契合大多数学生的学习活动、学习方式开展教学。课堂教学过程中，教师也可以根据学生的学习情况及时调控教学安排，调整教学内容、教学重点和教学难点，最大程度提高课堂教学效果。

依靠大数据和各种智能系统，各级教育行政部门能够及时全面监控教育教学状况，优化教学计划安排，及时调控师资以及各种教学资源，精准安排各种培训活动、设计相应教研计划，最大化发挥教育资源效益，实现教育发展的高效和智慧。在数字技术的加持之下，基础教育管理过程中的人为因素、主观影响开始弱化，数字技术能够准确全面反映教育教学管理过程中的实际情况，并能够及时调控教育教学活动安排，基础教育数字化开始显现智能化特征。

三、个性化

由于人工智能、大数据和学习分析技术的赋能，个性化的学习环境开始出现。这样的学习环境能够挖掘分析学习者的兴趣偏好、知识储备和能力差异，因材施教得以实现。借助大数据和智能学习系统，可以对学习者进行大数据挖掘和画像，可以对学生的学习进行实时评价，分析学生的学习起点、学习风格、学习进展等情况；基于学生学习存在的问题，教师在智能系统的协助下可以为学生制定个性化学习策略，为学生推送个性化的学习内容与学习资源，帮助学生解决学习过程中的遇到的重点难点问题，实现知识巩固、拓展和提升，实现学生的个性化发展和差异化发展。

在数字教育阶段，学生可以获取定制化的教育资源，接受个性化的教学服务。学生可以依据系统推送的资源，也可以根据自身需要或教师推荐，借助智能系统选择符合自己学习需要的学习内容和学习资源；结合自己的学习实际，以自己的学习风格和学习方式，选择合适的学习伙伴；也可以自主确定学习方式，比如互动讨论、合作探究等学习方式；可以在线上学习，也可开展线下学习；可以同步交流、也可以异步讨论。在人工智能技术和智能系统的加持下，课前预习、课堂教学和课后自学均可以实现学习的个性化，为每个学生提供独特的教育方式。个性化的学习方式是以学习者为中心的学习，不仅提升了学生的自主学习能力，激发了学生的学习兴趣，调动学生学习参与的积极性，并且使得学生的学习方式更加灵活多样，学习效率不断提升，满足学生多样化的学习需求。

四、泛在化

在信息技术教育阶段，特别是在传统班级授课制的课堂教学中，一般有固定时间，在固定地点，专门的教师面向特定学生。进入教育数字化阶段，由于数字环境的建设和完善，宽带网络日益普及，数字资源的极大丰富，互联网快速发展和各种学习系统的建设应用，各种智能学习终端的配置，开始出现新的学习方式——移动学习，或称之为泛在学习，使得基础教育数字化具有了泛在化特征。它突破了传统课堂的时空边界，丰富了学生的教育环境，实现了学习者随时随地随需的学习，提高了学生的知识获取能力和自主学习能力。

泛在学习是以学习者为中心的学习，学生可以根据所处的环境，充分利用自己的时间，根据自己的学习需求，基于互联网、智能终端、智能系统和数字资源进行自主学习、探究学习，也可以与同伴进行在线讨论，实现合作学习。开展泛在学习，学习者可以根据自己的学习目标，结合自己的学习需求和学习习惯，借助各种智能系统和学习终端，寻找满足自己需求的资源，可以在课前预习，也可以在课后复习阶段开展。开展泛在学习，能够发挥学生的主体地位，充分利用业余时间，培养学生学习的积极性、主动性和独立思考的习惯，激发学生学习内驱力，也有助于学生树立终身学习的理念。开展泛在学习，学生是在轻松愉悦的环境下开展，有助于培养学生分析问题、解决问题的能力，激发学习兴趣，不断提升良好的学习习惯和学习品质。

五、均衡化

由于我国各地经济社会发展的实际情况，我国城乡之间、区域之间在教育发展方面存在一定差距，改革开放以来，特别是

“十八大”以来，国家高度重视扶贫工作，教育扶贫工作也取得显著成就，但是地区之间，城乡之间的教育差距还是存在的，数字技术有助于减小教育鸿沟，实现教育均衡。

依靠数字技术，开发智慧教育平台和数字资源，可以为边远贫困地区输送优质教育资源，帮助贫困地区的学校开齐课开好课，实现“同在蓝天下，共享优质教育资源”，弥补农村学校和教学点师资不足的困境。国家中小学智慧教育平台的优质教育资源包括专题教育、课程教学等数字资源，可以服务教师课堂教学和学生课后服务，服务农村薄弱学校共享优质教育资源，提高教育质量。利用数字技术，应用“三个课堂”，可以选择发达地区的名师和名校，与边远贫困地区的薄弱学校和教师结对帮扶，中心校与教学点结对帮扶，以专递课堂、名师课堂和名校网络课堂等形式，通过网络教研、课程输送等方式将优质教育资源输送到欠发达地区和薄弱学校，帮助薄弱校教师的专业成长，实现欠发达地区的教育教学与发达地区的教育教学共同发展，均衡发展。数字教育发展的均衡化推动实现我国教育发展的均衡化。

参考文献

1. 蔡宝来. 信息技术于课程整合研究进展及未来走向[J]. 课程・教材・教法，2018(8)：133-143.
2. 曹国永. 发展在线教育 服务人才培养[J]. 中国高等教育，2021(Z1)：25-26.
3. 丁利娟. 智能教育视域下开放教育学习方式的变革[J]. 广州广播电视大学学报，2021(2)：6-9.
4. 高欣峰，白蕴琦，陈丽，等. 互联网推动教育服务模式创新的路径与方向——“互联网+教育”创新发展的理论与政策研究(三)[J]. 电化教育研究，2022(4)：5-11.

5. 黄荣怀，杨俊锋. 教育数字化转型的内涵与实施路径[N]. 中国教育报，2022-04-06(4).

6. 刘美凤，吕筋娇. 反思与前瞻视听技术的教育影响——基于对美国20世纪视听教育的知识考古[J]. 中国电化教育，2021(10)：24-32.

7. 刘兴富. 现代信息技术与教育观念更新[J]. 国家高级教育行政学院学报，2002(3)：89-91.

8. 秦如祥. 教育信息化的概念、特征和目的[J]. 理论探索，2004(3)：63-64.

9. 新华社. 习近平主持召开中央全面深化改革委员会第二十六次会议[EB/OL]. (2022-06-22)[2022-07-30]. http://www.gov.cn/xinwen/2022-06/22/content_5697155.htm.

10. 邢西深. 迈向智能教育的基础教育信息化发展新思路[J]. 电化教育研究，2020(7)：108-113.

11. 张虹. 基于大数据的教育治理模式现代化：内涵与实现路径[J]. 大学，2022(2)：7-10.

12. 钟绍春. 大数据驱动教学变革与创新[J]. 中小学数字化教学，2019(5)：5-8.

13. 钟绍春. 课堂教学新模式构建方向与途径研究[J]. 中国电化教育，2020(10)：40-48.

14. 祝智庭，魏非. 教育信息化2.0：智能教育启程，智慧教育领航[J]. 电化教育研究，2018(9)：5-16.

第四章　我国基础教育数字化发展

前一章已经论述过，我国基础教育数字化是基础教育信息化发展的新阶段，也是基础教育信息化发展的新样态。随着信息技术的发展，我国基础教育信息化也在不断发展，到今天，进入了以基础教育数字化为核心的新阶段。我国基础教育数字化的发展既得益于数字技术的快速发展，同时也得益于党和国家的高度重视。党和国家高度重视基础教育数字化工作，自改革开放以来，特别是进入新世纪以来，制定了一系列推动基础教育数字化发展的方针政策，在重要节点召开了几次重要会议，实施了相关的重点工程，从国家到地方，从区域到学校，组织了数字技术在教育教学中的实践应用，推动了基础教育数字化快速发展。但是由于我们对数字技术与教育教学深度融合的认识还不深入、不全面，数字教育发展不充分等，基础教育数字化的健康发展还面临许多困境和挑战。

第一节　我国基础教育数字化发展的国家行动

在实现基础教育数字化，发展基础教育信息化的过程中，我国教育信息化政策的不断完善，推动了我国基础教育信息化的

实践应用，开启了信息技术与教育教学深度融合的新时代。改革开发以来，特别是进入新世纪以来，我国基础教育数字化进入发展的快车道，并取得了无与伦比的成就，这得益于党和国家对基础教育数字化的高度重视，建立了推动基础教育数字化快速发展的政策环境，组织实施了几次重大工程，推动我国基础教育数字化进入了蓬勃发展的加速期。本节简要论述进入新世纪以来，我国基础教育数字化发展过程中，国家层面采取的有关行动如何推动了我国基础教育数字化快速发展。

一、全国中小学信息技术教育工作会议开启了基础教育信息化快速发展的新阶段

从 20 世纪 90 年代开始，计算机技术、多媒体技术、电子技术、互联网技术等得到了快速发展，并在教育教学中开始得以广泛应用。信息技术的迅猛发展，以及对经济社会变革的深刻影响，得到了党和国家的高度重视。2000 年 11 月，全国中小学信息技术教育工作会议在北京召开，会议决定在中小学开设信息技术课程，努力推进信息技术与学科教学相整合，全面实施中小学“校校通”工程，努力实现基础教育的跨越式发展。会议确定了“教育信息化带动教育现代化”的教育理念，教育信息化既是教育现代化的重要内容，也是实现教育现代化的必然选择。这次会议开启了我国基础教育信息化发展的新阶段，对推动我国基础教育信息化具有重要的指导意义，是我国基础教育信息化发展过程中重要的里程碑。

二、农村中小学现代远程教育工程拉开了我国农村教育信息化的序幕

2003 年 9 月，全国农村教育工作会议召开，会议决定按照

“总体规划、先行试点、重点突破、分布实施”的原则实施农村中小学现代远程教育工程。农远工程采用三种模式，其中模式一为农村教学点配备教学光盘和播放设备，供教学点教师使用，帮助教学点开齐课开好课；模式二为农村小学建设卫星教学收视点，通过卫星为农村学校播发优质教学资源；模式三为农村初中建立计算机教室，开展信息技术教育。经过几年建设，到 2007 年底，工程共计投资 110 亿元，全国共配备教学光盘播放设备 401,028 套，卫星教学收视系统 278,737 套，计算机教室和多媒体设备 44,566 套，覆盖中西部农村教学点 78,080 个，农村小学 250,552 所，农村初中 29,729 所。东部地区以计算机教室和多媒体教室建设为主，基本覆盖了农村中小学。农村初中学校联网率达到 90%以上，农村小学联网率达到 80%以上，其中农村小学以连通中国教育卫星宽带网，接收卫星资源为主。以小班教学为主的教学光盘资源已经覆盖小学所有年级和学科，为农村初中提供了名师名课、示范课、教学实验、教学素材等教学光盘，多媒体教学资源覆盖初中 9 个学科和小学 8 个学科，共 4,129 个学时。视频资源覆盖初中 11 个学科和小学 7 个学科，以及专题教育、安全教育、少先队活动、远离毒品、科学人生、世纪讲坛和学科实验等资源，共 2,099 小时①。农远工程的实施，覆盖了所有农村中小学，初步形成了农村学校的教育信息化环境，初步构建了惠及全国农村中小学的远程教育网络，形成了基本适应农村中小学课堂教学的资源体系②，解决了农村学校的师资不足问题，

① 本刊编辑部. 改革开放三十年：历史见证基础教育信息化巨变[J]. 中小学信息技术教育，2008(8)：12-30.

② 汪基德，冯永华.“农远工程”的发展对我国基础教育信息化的启示[J]. 教育研究，2012(2)：65-73.

帮助农村的学校开齐课开好课，实现了城乡优质资源共享，提升了农村教师的信息技术能力，提高了农村的教育教学质量，促进了教育均衡。

三、《教育信息化十年发展规划(2011—2020年)》推动基础教育信息化进入一个崭新的发展阶段

2010年，《国家中长期教育改革和发展规划纲要(2010—2020年)》(以下简称《纲要》)发布，《纲要》提出：信息技术对教育具有革命性影响，必须予以高度重视。为落实《纲要》关于教育信息化的总体部署，2012年，教育部印发了《教育信息化十年发展规划(2011—2020年)》(以下简称《规划》)，对未来十年的教育信息化工作进行整体设计、全面部署，推进信息技术在教学、管理、科研等方面的深入应用，实现信息技术与教育教学的全面深度融合，变革教育理念、模式与方法，支撑教育创新发展。《规划》以优质教育资源和信息化学习环境建设为基础，以学习方式和教育模式创新为核心，以应用驱动、机制创新为基本原则，充分发挥教育信息化支撑发展与引领创新的重要作用。《规划》提出了“三通两平台”的发展目标，即实现宽带网络校校通、优质资源班班通、网络空间人人通，和建设教育资源公共服务平台、教育管理公共服务平台。《规划》是我国教育信息化发展过程中一份纲领性文件，对于我国教育信息化发展具有重要的引领作用，在基础教育领域，推动了我国中小学信息化建设逐步从重硬件建设向日常应用转化，信息技术与教育教学的融合创新日益广泛，地区、城乡和学校之间的数字鸿沟逐渐缩小，实现了优质资源共建共享，提升了学生信息化环境下的学习能力，促进了基础教育优质均衡发展。

四、教学点数字教育资源全覆盖项目提升了农村教育信息化水平

2012年，我国启动“教学点数字教育资源全覆盖”项目，为全国6.7万个教学点配发优质教育教学资源。项目为农村边远贫困地区的教学点配备数字教育资源接受和播放设备，配送优质数字教育资源，组织教学点应用数字资源开展教学，帮助教学点开齐开好国家规定课程，特别是开齐开好音乐、体育、美术、科学等薄弱学科课程，提高教学点教育教学质量，提升学生学业水平，使得语文、数学、英语三科能够达到国家规定标准，重构教学点教学组织形式，探索建立信息技术与教学点教学深度融合的教学组织方式，促进义务教育均衡发展，满足农村地区适龄儿童就近接受良好教育的需要。村小和教学点的教师，除了利用数字资源给学生上课，还能够向数字资源中的名师学习，学习学科专业知识和教学法知识，提升自身教学能力和水平，促进自身专业发展。项目实施解决了教学点师资力量薄弱、学科教师配套不齐的问题，还可以推动先进教育模式在课堂教学中的应用，改变教师的教育理念，提高课堂教学效果，突破了农村教育信息化发展的瓶颈，提升了农村教育信息化发展水平，实现了教育公平，促进教育均衡，推动农村教育高质量发展。

五、两次全国教育信息化工作电视电话会议加快了我国教育信息化发展进程

1. 2012年9月，第一次全国教育信息化工作电视电话会议召开，时任中共中央政治局委员、国务委员刘延东出席会议并作重要讲话。会议提出要深刻把握新形势新要求，将教育信息化作为国家信息化的战略重点优先部署，切实加快教育信息化进

程。要明确发展导向，坚持育人为本、应用驱动，统筹兼顾、有序推进，优先保障农村和边远地区，加快缩小城乡、区域、校际间的“数字差距”。要推动“宽带网络校校通”，多管齐下加快推进学校接入宽带，探索建立可持续的运营维护机制，完善学校教育信息化基础设施。要推动“优质资源班班通”，重点建设名师和名校网络课堂，集中开发音乐、美术、英语等短缺课程资源，加快优质教育资源共享。要推动“网络学习空间人人通”，教师率先使用，职业教育率先部署，发达地区率先示范，促进教学方式与学习方式变革，实现教与学、教与教、学与学的有效互动。要建设教育资源和管理两大公共服务平台，加强信息技术人才队伍建设，为教育信息化提供保障①。

2. 2015 年 11 月，第二次全国教育信息化工作电视电话会议召开，时任中共中央政治局委员、国务院副总理、国家教育体制改革领导小组组长刘延东出席会议并作重要讲话。会议提出，要深化应用、融合创新，到“十三五”末，教育信息化要实现三大目标：一是基本建成“人人皆学、处处能学、时时可学”、与国家教育现代化发展目标相适应的教育信息化体系；二是基本实现教育信息化对高素质人才培养和教育领域综合改革的支撑作用；三是基本形成具有国际先进水平、信息技术与教育教学融合发展的中国特色发展路子，向世界教育信息化先进水平赶超。要进一步完善“三通两平台”工程，努力做到“四个提升”，一是提升教育信息化基础支撑能力，二是提升教育信息化服务教学与管理的能力，三是提升教育信息化促进教育公平、提高教育质量的能力，四是提升数字教育资源开发与服务供给能力。要加快

① 刘延东. 把握机遇 加快推进 开创教育信息化工作新局面——在全国教育信息化工作电视电话会议上的讲话[EB/OL].（2012-11-09）[2022-10-03]. http://www.moe.gov.cn/jyb_xwfb/moe_176/201211/t20121109_144245.html.

信息技术推动教育创新步伐，着力实现“四个拓展”，一是从服务教育自身拓展为服务国家经济社会发展，二是从服务课堂学习拓展为支撑网络化的泛在学习，三是从服务教育教学拓展为服务育人全过程，四是从服务一般性教育管理拓展为全面提升教育治理能力①。两次教育信息化工作电视电话会议的召开，切实加速了我国教育信息化进程，以教育信息化全面推动教育现代化，我国教育信息化进入到全新的发展阶段。

六、习近平主席为国际教育信息化大会和国际人工智能与教育大会致贺信

1. 习近平主席为国际教育信息化大会致贺信

2015 年 5 月，由中国教育部与联合国教科文组织联合举办的国际教育信息化大会在青岛召开，来自全球九十多个国家的教育部门官员、学者、校长以及教师等汇聚一堂，以“信息技术与未来教育变革”为主题，共同探讨教育与信息技术深度融合的有效途径，交流信息技术在教育领域更广泛的实施应用。

国家主席习近平为大会致贺信，习近平主席在贺信中提出：因应信息技术的发展，推动教育变革和创新，构建网络化、数字化、个性化、终身化的教育体系，建设“人人皆学、处处能学、时时可学”的学习型社会，培养大批创新人才，是人类共同面临的重大课题。中国坚持不懈推进教育信息化，努力以信息化为手段扩大优质教育资源覆盖面。我们将通过教育信息化，逐步缩小区域、城乡数字差距，大力促进教育公平，让亿万孩子同在蓝天

---

① 刘延东. 巩固成果 开拓创新 以教育信息化全面推动教育现代化——刘延东副总理在第二次全国教育信息化工作电视电话会议上的讲话[EB/OL]. (2015-11-19)[2022-10-03]. http://www.moe.gov.cn/jyb_xwfb/moe_176/201601/t20160122_228616.html.

下共享优质教育、通过知识改变命运①。这次会议是教育信息化领域具有重要里程碑意义的会议，对教育信息化产生重要的导向和推动作用，对 2015 年后全球教育议程的实施和 2030 年发展目标产生积极和重要影响。

2. 习近平主席为国际人工智能与教育大会致贺信

2019 年 5 月，中国教育部与联合国教科文组织联合举办的国际人工智能与教育大会在北京召开，国家主席习近平向大会致贺信。习近平主席在贺信中指出：人工智能是引领新一轮科技革命和产业变革的重要驱动力，正深刻改变着人们的生产、生活、学习方式，推动人类社会迎来人机协同、跨界融合、共创分享的智能时代。把握全球人工智能发展态势，找准突破口和主攻方向，培养大批具有创新能力和合作精神的人工智能高端人才，是教育的重要使命。

习近平强调，中国高度重视人工智能对教育的深刻影响，积极推动人工智能和教育深度融合，促进教育变革创新，充分发挥人工智能优势，加快发展伴随每个人一生的教育、平等面向每个人的教育、适合每个人的教育、更加开放灵活的教育。中国愿同世界各国一道，聚焦人工智能发展前沿问题，深入探讨人工智能快速发展条件下教育发展创新的思路和举措，凝聚共识、深化合作、扩大共享，携手推动构建人类命运共同体②。

来自全球 100 多个国家、10 余个国际组织的约 500 位代表汇聚一堂，共同探讨智能时代的全球教育未来发展之路，大会形

---

① 习近平. 习近平致国际教育信息化大会的贺信[J]. 中小学信息技术教育，2015(7)：22.

② 新华社. 习近平向国际人工智能与教育大会致贺信[EB/OL].(2019-05-16)[2022-10-03]. http://www.xinhuanet.com/politics/2019-05/16/c_1124502111.htm.

成的《北京共识》提出，各国要制定相应政策，推动人工智能与教育、教学和学习系统性融合，利用人工智能加快建设开放灵活的教育体系，促进全民享有公平、有质量、适合每个人的终身学习机会。《北京共识》强调，要将人工智能平台和基于数据的学习分析作为构建终身学习系统的关键技术，实现人人皆学、处处能学、时时可学。确保人工智能技术使每个人不分性别、不分健康状况、不分社会或经济地位、不分民族或文化背景、不分地域，都能享受优质教育和学习机会。《北京共识》倡议，要支持对与新兴人工智能技术发展相关的前沿问题进行前瞻性研究，探索利用人工智能促进教育创新的有效战略和实践，以期在人工智能与教育领域构建具有共同价值观的国际共同体①。

习近平主席对两次会议的贺信，充分反映了党和国家对教育信息化的高度重视，对以人工智能技术为代表的数字技术对教育变革影响的高度重视，推动我国教育信息化不断赶超世界先进水平，引领教育变革发展。

七、《教育信息化 2.0 行动计划》充分激发了信息技术对教育的革命性影响

党的十九大提出要“办好网络教育”，这是党的全国代表大会报告首次对教育信息化做出的部署和安排，标志着我国教育信息化发展全面进入“新时代”。为深入贯彻落实党的十九大精神，办好网络教育，2018 年 5 月，教育部印发《教育信息化 2.0 行动计划》（以下简称“行动计划”），行动计划是在“三通两平台”基础上的转段和升级，是在教育信息化发展基础上的新跨越，是

① 王世新. 构建智能教育全球合作发展框架 国际人工智能与教育大会达成《北京共识》[J]. 中国教育网络教育，2019(6)：18-19.

智能时代教育发展的必然选择。行动计划提出了“三全两高一大”的发展目标，并制定了智慧教育创新发展行动、数字资源服务普及行动等八大行动计划。行动计划是新时代对教育信息化发展的新要求，是“互联网+教育”发展的具体实施计划，是教育信息化在发展理念、建设方式上的一次跃升，是发展思路、发展重点的一次迁移，推动教育信息化向纵深发展，有助于推动教育观念更新、教育模式变革、教育体系重构，以教育信息化全面推动教育现代化。2.0时代的教育信息化具有了新特征，即更加坚持时代引领，更加坚持应用驱动，更加坚持深度融合，更加坚持教育治理；更加兼顾探索普及，更加兼顾区域差异，更加兼顾社会各方，更加兼顾顶层基层。新时代的教育信息化已经成为教育现代化的基本内涵和显著特征，是教育深层次系统性变革的内生变量。2.0行动计划是加快实现教育现代化的有效途径，是“教育现代化2035”的重点内容和重要标志。

八、教育数字化战略行动推进了教育数字化转型和智能升级

习近平总书记高度重视信息化建设和数字经济、数字中国建设发展，多次强调数字化、网络化、智能化在中国特色社会主义现代化建设中的重要意义。2022年，教育部工作要点提出，实施教育数字化战略行动，按照“需求牵引、深化融合、创新赋能、应用驱动”的原则，积极发展“互联网+教育”，推进教育数字化转型和智能升级。推进教育新型基础设施建设，建设国家智慧教育公共服务平台，深化国家中小学网络云平台应用，创新数字资源供给模式，丰富数字教育资源和服务供给，拓展服务功能，推动数字资源的常态化应用。改进课堂教学模式和学生评价方式，建设国家教育治理公共服务平台和基础教育综合管理

服务平台，充分发挥教育数字化对教育改革发展的关键牵引作用，强化数据挖掘和分析，构建基于数据的教育治理新模式，深化数字技术与教育教学融合创新，为用户提高资源的个性化订阅、智能推送推荐、精准检索等功能，健全教育信息化标准规范体系①。教育数字化战略行动是推进基础教育现代化和教育高质量发展的重要引擎，开启了我国基础教育数字化转型和智能升级的加速器。

第二节　我国基础教育数字化发展的实践探索

改革开放以来，特别是进入新世纪以来，党和国家高度重视基础教育信息化发展，国家采取了一系列行动，推动我国基础教育信息化快速发展。对数字技术变革教与学方式，提高教育质量，以教育信息化推动实现教育现代化，进行了具有中国特色的深入探索与实践，并取得了可喜的成绩。

一、我国基础教育数字化发展成就斐然

经过多年建设，"宽带网络校校通"发展迅速，目前全国中小学联网率近 100%，智慧教室、智慧校园和云平台等各种与课堂教学相关的数字环境建设已经大规模、快速铺开，充分利用国家公共通信资源，建设了连接全国各级各类学校和教育机构间的教育专网，提升了学校网络质量。义务教育学校多媒体教室比例超过 70%，全国小学、初中平均每百名学生拥有数字终端数

① 本刊编辑部. 教育部 2022 年工作要点部署实施教育数字化战略行动[J]. 中国教育信息化，2022(2)：2.

分别为 14.9 台、21 台，较十年前增加了 8.4 台和 10.6 台，为教学应用提供了良好的数字化环境。

"优质资源班班通"不断普及深化，"课堂用、经常用、普遍用"的信息化教学新常态正在形成。经过多年的资源建设，国家开发建设的数字资源已经涵盖了当前中小学课程标准和教育教学普遍存在的教学内容，丰富的数字资源，以及支持教师备授课、网络教研、在线教学的教学软件和满足学生基本学习需求的各种智能学习工具和平台为数字技术变革课堂教学方式、实现以学生为中心的学习提供了强大的支撑，基于数字技术、数字资源的混合式、合作式、体验式、探究式教学方式成为教学的新常态，并且调动了学生学习积极性，创新了育人模式。

"教育资源公共服务平台"初具规模，教师终端基本普及，教育信息化条件明显改善，广大中小学教师信息素养不断提升，特别是经过新冠肺炎疫情"停课不停学"的实践锻炼，广大教师数字技术的应用意识和实践能力得到显著提升。2022 年改版升级的国家中小学智慧教育平台上线，汇聚了基础教育阶段的优质教与学资源，打破了优质资源难以广范围、深程度共享的教育瓶颈，解决了资源获取成本高、普惠程度低、分布不均衡等问题，为中小学生在线学习和广大教师改进教学提供了重要支撑①，平台的大规模应用将推动基础教育数字化转型发展，推动基础教育数字化战略行动实施。

在基于大数据的教与学评价方式革新方面，数据作为教育数字化转型的核心要素，多数中小学都配套了教学、学习和评价的智能支撑系统，基本上实现了课堂教学及时互动、练习与作业实时反馈、学习情况记录与精准评价，一定程度上提高了课堂教

① 周洪宇. 义务教育十年取得五大新突破[N]. 中国教育报，2022-06-24(5).

学的效率和质量，促进学生的个性化与全面发展。

在人工智能支持下组织管理决策的转型方面，有关地方和学校，借助智能技术手段持续开展“互联网+”条件下课程教学新模式和数字技术应用规律研究，动态采集学校乃至区域范围内全体教师教学及学生学习的过程数据，基于群体学生学习大数据和教师教学质量大数据，动态预警教师教学普遍存在的共性问题，科学筛选培训对象与内容，通过多种形式的线上线下混合式研训活动，不断提升教师教学水平，提升研训成效，促进教师专业发展。

二、我国基础教育数字化发展的实践探索

（一）建好用好中小学智慧教育平台

为深入实施国家教育数字化战略行动，大力促进基础教育高质量发展，有效支撑“双减”和疫情防控期间“停课不停学”工作，教育部在原“国家中小学网络云平台”基础上改版升级了“国家中小学智慧教育平台”（以下简称“平台”），平台坚持“需求牵引、应用为王、服务至上”，改版升级后平台资源更加丰富，应用更加广泛，运行安全平稳，社会反响良好。

1. 平台注重系统构建

平台建设坚持“四个原则”。坚持需求牵引，统筹考虑学生、教师、家长和学校需求，大力加强资源建设与应用；坚持共建共享，注重系统谋划、整体设计、部门协同、上下联动，切实提高资源建设共享效益和运行保障水平；坚持育人为本，以促进学生全面发展健康成长为中心，注重德智体美劳全面培养；坚持集成创新，适应课程教学改革和信息技术发展，加快教育资源数字转型和智能升级步伐，不断丰富完善更新资源，升级迭代服务功能。

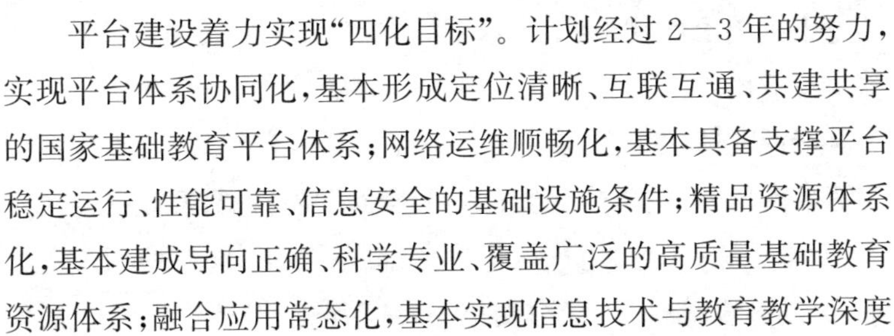

平台建设着力实现“四化目标”。计划经过2—3年的努力，实现平台体系协同化，基本形成定位清晰、互联互通、共建共享的国家基础教育平台体系；网络运维顺畅化，基本具备支撑平台稳定运行、性能可靠、信息安全的基础设施条件；精品资源体系化，基本建成导向正确、科学专业、覆盖广泛的高质量基础教育资源体系；融合应用常态化，基本实现信息技术与教育教学深度融合，使中小学利用平台资源开展教与学成为新常态。

平台建设重点完成“三项任务”。平台重点承载面向中小学的各类优质教育教学资源，建立资源分发共享机制，将平台资源按各省（区、市）需要分布式部署到省级平台，不具备条件的省份可直接使用这个平台；开发汇聚各类优质资源，聚焦服务全面育人，开发汇聚包括专题教育、课程教学、课后服务、教师研修、家庭教育、教改实践经验等6个板块优质资源；深入推进教育教学应用，充分发挥平台在教育教学中的重要作用，强化基于平台资源实施教师教学和学生学习，大力推进信息技术与教育教学深度融合。

2. 平台资源丰富优质

平台资源建设严格遵守资源质量标准和技术规范，确保资源专业化、精品化、体系化，资源建设尽最大努力满足学生、教师、家长等不同群体实际需要，服务学生自主学习，服务教师改进教学，服务农村提高质量，服务家校协同育人，服务“双减”和“停课不停学”。

资源总量得到大幅增加。平台在原有专题教育和课程教学两个资源板块的基础上，新增加了课后服务、教师研修、家庭教育和教改实践经验等4个板块，共有36个二级栏目，现有资源总量达到28,052条，其中，截止到2022年6月，平台的课程教学资源上线了19个版本、452册教材的19,508课时资源；还外链了中国国家博物馆、中国数字科技馆、国家公共文化云等一批重要专业网站。

资源功能注重全面育人。平台资源内容广泛，着力提高学生综合素质，促进学生德智体美劳全面发展，平台开设了党史学习、爱国主义、品德教育、科普教育、生态文明、体育锻炼、文化艺术、劳动教育等栏目；着力支撑"双减"和疫情防控等重大任务，专门开设了作业命题、课后服务、学科研修、"双减"经验和防疫知识、生命与安全、心理健康等栏目，还专门提供了心理援助热线；着力实现课上课下、校内校外全过程育人，既有覆盖多个教材版本的各学科各年级全部课程学习资源，又有丰富的课后活动、研学实践、影视教育、经典阅读、家庭教育等多方面的资源。

资源质量体现精品专业。平台资源建设秉承"国家工程、质量至上"宗旨，坚持系统谋划、精心设计、严格标准、强化审核，切实把好政治关、坚持科学性、注重规范化。课程教学资源主要依托教育水平高的地区、办学水平高的学校、教学水平高的教师和制作水平高的团队开发建设，每节课都经过教学设计、备课研究、课件创作、反复打磨等环节；其他资源坚持广泛遴选、好中选优、应链尽链，确保资源精品化、专业化、体系化。

资源来源坚持集成共建。平台资源建设得到了中央有关单位、地方教育部门和部分高等学校的大力支持。文旅部、国家体育总局、中国科协、中国文联、人民日报社、新华社等部门单位，北京大学、清华大学、中国人民大学、西安交通大学、北京航空航天大学等高校提供了丰富的各类优质资源；北京、上海、江苏等省市提供了优质课程教学资源；67 家出版单位提供了 2,004 册电子版教材。

3. 平台坚持应用为王

自 2022 年 3 月 1 日试运行以来，平台用户不仅覆盖了全国各省(区、市),还有 180 多个国家和地区的用户也使用了平台资源,在帮助教师改进课堂教学、服务学生自主学习、提升家长家庭教育能力等方面发挥了重要作用。

应对疫情及时有效。2022 年 3 月 14 日以来,新冠肺炎疫情多地多点发生,部分地区中小学充分使用该平台保障“停课不停学”,平台总体日均浏览量由 3 月份前两周的 1,291 万左右提高至后两周的 4,619 万以上,增加了 2.6 倍,其中疫情比较严重的辽宁、吉林、福建、山东等省份增幅均超过 6.5 倍,有效提升了中小学生的居家学习质量,有效服务了疫情防控大局和“停课不停学”。

服务“双减”效果明显。2021 年 7 月中央“双减”文件发布后,平台浏览量、访问人次均呈现高位激增态势。截至 2022 年 2 月底,原国家中小学网络云平台日均浏览量达 2,104 万,比“双减”文件发布前的日均浏览量增加 17 倍;2022 年 3 月 1 日平台升级改版试运行后,日均浏览量进一步增加,比“双减”前增加 24 倍。平台提供的课程教学、作业设计、课后服务、教师研修等资源得到了广大教师、学生的高度关注和广泛使用,特别是有效帮助解决了学生不参加校外培训后“在哪里学、学什么”的问题,进一步助力了学校“双减”工作。

支撑共享优质资源。平台给广大农村地区免费送去了优质教育资源,为促进教育公平发挥了重要作用,中西部许多农村边远地区利用平台资源实施“双师课堂”,开足开齐国家规定课程,进一步提高了教学质量。2022 年 3 月 1 日以来,广西浏览量超过 5,000 万,陕西、甘肃浏览量超过 2,100 万,内蒙古、云南浏览量超过 1,000 万。

通过充分运用人工智能、虚拟现实、增强现实等现代信息技术手段,平台最大限度还原真实场景,丰富资源呈现形式,提高资源使用效果;平台通过人工智能、大数据等数字技术,为用户提供资源的个性化订阅、智能化推送、精准化检索,实现学生学习的个性化。

建好用好平台是贯彻数字中国战略的实际行动,为教育数字化转型汇聚了力量、探索了路径,有助于促进基础教育高质量发展、加快推进基础教育现代化①。

(二) 上海市开展基础教育数字化转型实践

1. 制定全市的教育数字化转型实施方案

上海市是我国改革开放先行区,在发展基础教育信息化,实施教育数字化战略行动,推进教育数字化转型升级方面,进行了大量的实践探索。2021 年 11 月,上海市发布《上海市教育数字化转型实施方案(2021—2023)》(以下简称《实施方案》),为整体性推进教育数字化转型、全方位赋能教育综合改革、革命性重塑高质量教育体系、服务国家战略和上海城市发展擘画出新的数字化蓝图。

《实施方案》明确提出:上海教育数字化转型坚持“育人为本”“整体推进”“全面赋能”“多元协同”“安全稳妥”五项基本原则,积极探索教育数字化“新环境、新体系、新平台、新模式、新评价”建设,推进教育更高层次的优质均衡、个性多元。围绕立德树人根本任务,更新教育理念,变革教育模式,以数字化支撑高质量教育体系建设。同时,全面提升师生信息素养,推进“5G+云网”融合,全面优化升级信息网络基础环境。信息化赋能教育管理与教育教学各环节,以大数据技术有效支撑教育评价改革。

---

① 吕玉刚. 建好用好国家中小学智慧教育平台[EB/OL]. (2022-06-06)[2022-10-12]. http://www.moe.gov.cn/jyb_xwfb/moe_2082/2022/2022_zl12/202206/t20220606_635006.html.

助力数据驱动的因材施教常态化实施，推动教学模式更加灵活智能，人才培养方式更加个性多元，教育资源和服务更加优质均衡，构建全面支撑智能泛在的学习体系。

《实施方案》明确了8项主要任务：一是创新教育场景示范应用，深入推进教育教学变革；二是推进教育新基建，打造教育数字化发展新环境；三是打造教育数字基座，赋能各类教育应用发展；四是推进教育评估数字化，开展数据驱动的教育综合评价；五是创新教育资源建设模式，满足多元数字化教育需求；六是实施信息素养提升工程，健全师生信息素养培养体系；七是推进教育管理业务流程再造，提升教育治理服务能力；八是加强数字化转型研究，促进数字化转型可持续发展①。

上海市的教育数字化转型，以数据治理为教育数字化转型的核心，实现统一数据标准、强化数据治理、确保数据安全；以基座链接为建构教育数字空间的关键节点，建设数据中心、组织中心、物联中心、应用中心、消息中心，实现数据通、用户通、设备通、应用通、消息通；以生态培育为教育数字化可持续发展的基础，构建由应用开发者、应用市场、应用开放平台、学校数字基座、教育基础数据以及运营服务规范等组成的教育应用良好生态；以购买服务为实施的基本方式，有利于学校集中精力基于基座开展资源建设，基于基座开发轻应用，更加全面精准地开展基础数据治理和安全保障；以育人为本为教育数字转型发展目标，运用数字技术发掘学习者潜质、激发学习兴趣、实现数据驱动大规模因材施教、培养学生的综合创新能力，推动实现学生德智体美劳全面发展。

---

① 上海市教委.上海市教育数字化转型实施方案(2021—2023)[A/OL].(2021-11-10)[2022-10-12]. https://xxzx.shcac.edu.cn/shanghaishijiaoyushuzihuazhuanxingshishifangan 2021-2023.

2. 基础教育数字化转型的区域实践

作为上海市首个数字化转型实验区，上海市长宁区围绕“数据”“基座”“生态”，区域整体设计建设标准，学校建设应用场景，师生探索教与学方式的全面变革，实现“深刻改变教育教学模式，高质量、深层次、全方位地推进教育数字化转型工作”的目标，塑造基于数字基座和数据资源的新生态，探索学生成长新空间，形成教育内外多元主体价值共创，数据协同、技术协同、应用协同，教育与技术深入融合相互成就的教育数字化转型生态。

实施政府—企业—学校相互配合，分阶段、分类型的合作模式，分期推进、逐步扩展，使教育数字化转型保留最大化的开放性和灵活性，不断适应教育教学的未来需求，营造多元主体价值共赋的教育数字化建设生态。建构“标准化 + 个性化”相互兼容，营造数据、技术、应用协同的教育数字化系统生态，在数字基座建设中，坚持市—区—学校平台的标准化建设，统一规划、分布式架构，在教学应用中，鼓励教师参与应用开发、以插件方式加入平台共享服务，凸显学校特色和教师风格，实现教师的个性化应用与学校的特色化发展。坚持教师深度参与应用开发，快速开发个性化应用，不断提高数字技术应用的适切度，营造技术与教育相互促进、相互融合的教育数字化应用生态。

共建共享优质教育资源，促进基本公共教育服务优质均衡发展。数字基座便捷联通学生、家长、教师、学校、教科研机构、政府、企业及社会公众等各类参与主体，让不同学校的教师和学生都能享受到优质教育资源，并通过资源运用实现更新优化，为教师完善教学、学生有效学习提供更优质的条件和保障。充分发挥教研员、教师、学生等多主体建设优势，开发复用数字资源，打破不同学校的时间和空间限制，让优质资源得以流动、迭代和优化发展，助力公平而有质量教育的更好实现。

长宁区统一数据采集、管理和使用，逐步实现教育数据的规范采集、有序加工处理和分类授权。同时，实现应用数据的对接回流，有效采集教育教学结果数据、过程性数据，并进行分类储存和有效关联。基于数字基座，可进行数据有效整合，实现多维分析。长宁区已形成若干常态化数据加工模型，探索了更加精准的反馈方式。依托数字基座，促进大数据技术融入教育教学全过程，使学校教育更智能、更精准、更高效，帮助教师更清晰地设计发展方向与成长绩点。

3. 基础教育数字化的学校探索

在市、区两级政府的建设、指导下，上海市的基层学校结合学校实际，广泛开展了教育数字化的实践探索，上海市黄浦区卢湾一中心小学在开展数据驱动的精准教学过程中提出了自己的应用方案。在“聚焦数据要素”“数据驱动的因材施教常态化”的理念指导下，学校思考了三个问题：小学教育教学中需要什么类型的数据?如何采集这些数据?采集后的数据在教学实践中如何使用?

在数字化建设过程中，学校严格遵循相关技术标准，根据教学特点，结合学生“五育并举”和教师“教学五环节”的工作需求，针对学生的基本信息、综合发展、学业情况、体质情况、艺术作品、重点关注等内容，针对教师教学的备课、授课、作业、辅导、测评五个环节，科学确定数据类型和数据标准，通过数据呈现学生成长轨迹、支持学生群体性分析，用数据分析教师的科研水平、信息化水平、教学风格、教学进度与教学习惯。技术标准细化了数据类型，确保数据互通、应用协同。

学校不断建设完善数字化环境，自主开发了云课桌、云剧场等智能场景，充分发挥5G技术，伴随式采集全体学生的有关数据；通过校园物联网感知系统、视频监控系统等，从校园安全、校园环境、资产管理三个维度进行校园监测与管理。此外，学校定期组织有关专家、技术人员、学校教师开展教研活动，讨论分析数据要素、不断优化计算机算法、总结归纳数据驱动下的教学评价模型。

基于系统平台的数据分析，教师能够了解每一位学生的学习情况，知晓自身教学效果，从而及时调整教学设计，并对学生提供个性化指导。这样的教学在全校范围开展，能够重构教学场景、优化教育环境、提升教育效能，还能够对学生学习提供个性化指导，实现数据驱动下的精准教学，激发学生的学习兴趣，促进学生的身心健康发展。

学校数字化教育的实践探索，提升了师生的信息素养和教师的教学水平，数据驱动的精准教学关注了每个学生的个体发展，个性化教育、因材施教得以实现，更重要的是，教师开放的心态、创新精神得以培养，激发了教师探索数字技术、变革课堂教学的热情和智慧，优化了技术应用模式和教与学的方式，塑造形成了学校的创新文化，推动了学校的特色发展、课堂教学的高质量发展①。

（三）基础教育数字化的宁夏实践

1. “互联网+教育”让优质教育惠及宁夏千家万户

2018 年 7 月，宁夏成为全国首个“互联网+教育”示范区，宁夏的基础教育数字化开始了建设与应用的新探索。在数字校园建设方面，全区所有中小学网络接入带宽 200M 以上，数字教育资源、班班通数字教学设备、数字校园建设实现全覆盖。全区建成在线互动课堂教室 4,315 间，覆盖全区所有中小学，1,000

---

① 吴蓉瑾. “云课堂”增强教育模式：数据驱动下的精准教学[J]. 人民教育，2022(7)：24-25.

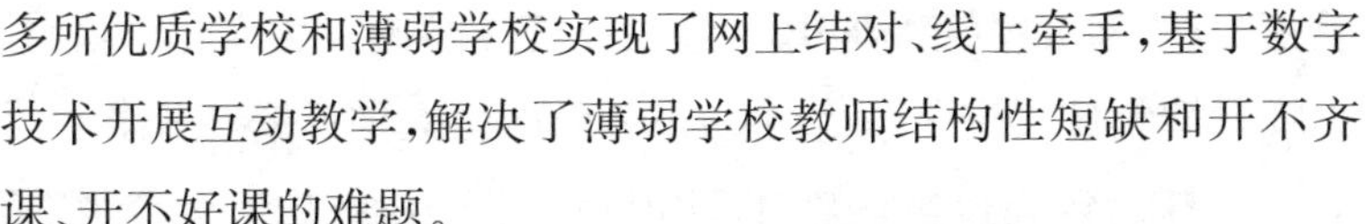

多所优质学校和薄弱学校实现了网上结对、线上牵手，基于数字技术开展互动教学，解决了薄弱学校教师结构性短缺和开不齐课、开不好课的难题。

开展教育数字化建设，离不开数字教育资源的开发应用，在宁夏教育云平台建设基础上，全区建设数字资源总量超过 3,900 万件，覆盖基础教育全学段全学科，教材配套率 100%，云平台的教学应用涵盖学校教学、科研、学习、评价、管理、服务等全流程，破除了原来教育信息化建设中的一座座孤岛，实现了资源的融会贯通、资源的共用共享。基于人工智能技术的赋能，宁夏构建了以“自主、合作、探究”为核心、线上线下融合的课堂教学模式，网络学习空间延伸了学生的学习时空，学生的课前、课中、课后有效联通，实现了数字技术与教育教学的深度融合，推动了传统课堂教学的变革，提升了课堂教学效果和教学效率。

通过开展“互联网＋教育”，宁夏城乡教育一体化发展格局初步形成，基本实现了从基础设施、资源到应用的全要素全流程的数字化转型，推动宁夏教育信息化从支撑保障向创新引领的历史性飞跃。“互联网＋教育”使得学生学习突破了时间和空间限制，优质教育资源惠及更多群体，课程内容和形式更加丰富，学生的学习成长有了更多个性化选择。数字化教育培养了一大批德智体美劳全面发展的社会主义建设者和接班人，推动了基础教育的变革和创新，推动了基础教育高质量发展①。

2. 基于智慧校园的线上线下融合教学

银川市金凤区第十六小学（以下简称“金凤十六小”）先后被确立为自治区首批“互联网＋教育”智慧校园应用示范校、自治区

---

① 李佩珊.“互联网＋教育”的宁夏实践：让优质教育惠及千家万户[J].宁夏教育，2021(11)：71-74.

百所“互联网＋教育”标杆校。学校高度重视教育数字化工作，大力推进智慧校园建设，为线上线下教学融合提供了重要支撑。

学校以建成智能感知、自动识别、互联互通、虚实融合、舒适便捷的教育教学环境为目标，对校园环境进行整体规划和改造，充分考虑线上线下教学的有机融合，一是建立了集无线网、有线网及移动互联网于一体的网络系统，实现全校网络全覆盖，为数据、信息及资源提供无缝稳定传输通道；二是优化升级学校信息化设备，实现班级教室交互式电子白板、智能录播设备、智能移动终端全覆盖，同时引进智慧课堂教学系统、智能授课助手、智能录播系统等软件，打造智能化、可视化、互动性融合式教学环境；三是打造智慧教学融合环境和赋能教学融合空间，构建了多媒体数字阅读体验馆、创客教室和仿真实训虚拟演练馆，为落实智慧教学、虚实融合教学深度应用奠定基础。

金凤十六小搭建了以自动感知、智能分析、可视化呈现为特色的一体化一站式管理系统，整合了智慧教学、智慧研训、智慧管理和服务等的各类教育应用平台，包括网络学习空间、在线学习互动平台、智慧教学系统、智慧研修平台、虚拟仿真实训平台、协同办公平台、家校互动系统等。该系统有效联接了教师、学生、家长、管理者等用户，实现了线上线下、课内课外、校内校外有机融合，推进了资源和数据的共建共享，改进了教学质量、优化了教育管理、提升了学校绩效。

金凤十六小坚持多措并举汇聚整合各类优质线上教学资源，一是对接国家、宁夏教育资源公共服务平台，进一步丰富学校基础性教育资源；二是成立专门的“教学课程研发中心”，生成包括课件、试题、文档、视频、微课、网络课程等在内的系列学科教学资源，不断积累校本研修资源，形成特色的校本资源库；三是发挥名校名师示范引领作用，充分利用集团校同质互促、异质

帮扶的优势，进一步梳理整合集团校内的优质教学资源，促进优质资源分享和流转；四是建立完备的资源准入、考评、审核、淘汰机制，以应用需求为导向，定制或委托开发符合学校实际的特色型、个性化或学校短缺的资源。

金凤十六小动员全校师生参与智慧校园建设，从建立健全运行机制、优化管理服务和落实安全保障等方面着手，统筹规划、多层联动，充分发挥校内教学名师、骨干教师、优秀教研员的优势，综合利用企业及社会优质教育教学资源，打造了多方主体协同育人的良好格局。学校设置了专门的信息教育融合创新中心，组建了由校长担任首席信息官（CIO），分管副校长及骨干教师为成员的领导小组，以技术应用为抓手、数据驱动为手段、打造特色为目标对智慧校园建设进行整体规划和路径创新，通过设置各类管理制度，构建考核激励机制，加强网络安全管理，健全多元主体协同参与机制，帮助教师建立职业认同感，有序推动了线上线下融合教学的开展与应用①。

第三节　我国基础教育数字化发展面临的挑战与困境

尽管人工智能、大数据等数字技术在课堂教学中已经普及应用，基础教育数字化建设应用取得了一定成效，但是还存在我们对数字技术与教育教学深度融合的认识不深入、不全面，数字教育发展不充分等现实问题，基础教育数字化的健康发展还面临许多困境和挑战。

---

① 陈革英．基于智慧校园的线上线下教学融合实践与创新——以宁夏“互联网+教育”示范区标杆校为例[J]．中国电化教育，2021(12)：117-122.

一、资源共建共享机制尚未形成，还不能充分满足课堂教学的现实需求

近年来，在国家相关政策大力支持下，我国基础教育数字资源供给体系已初具规模，但仍面临着资源共建共享机制尚未形成、资源建设质量与技术应用水平有待提升等现实挑战。现有资源建设呈现多主体供给、全学段与全学科覆盖等特征，从国家到地方、甚至广大学校都在开发建设各种形式的数字资源，建设各自的资源平台，但整体来看尚未形成新技术支持的资源建设体系，不同资源平台都遵循自己的建设标准，跨平台、跨区域的数字资源开放共享机制尚未形成，优质教育资源难以实现充分共享。

国家组织的“一师一优课，一课一名师”项目以及开发建设的其它数字资源加速了教育信息化的建设进程，为教育公平目标的实现奠定了坚实基础。但是，学校和教师在面对海量数字教育资源和类别繁多的资源平台时，如何选择优质适切的优质教育资源和好用管用的资源平台却成了课堂教学中的关键。各类数字资源从表面上看数量很大，但存在重复建设、内容陈旧、形式单一等问题，教师常常面临资源“多而无用”的困境。难以找到符合学情、符合课堂教学实际需求的教学资源，数字教育资源本身的知识结构、对应的能力层级等内生要素无法得到高效智能的组织与管理，针对教学内容和教学环节细节呈现的资源不足，由于缺乏资源的二次加工，可充分提高信息化教学效益的优质资源仍十分短缺。

二、数字教育生态存在建构难度大、标准化实践弱等困境

学校的数字化建设是一个持续发展、不断完善的过程，所以

导致学校数字化建设存在模式多元、缺乏整体规划，内部数据不互通、校际资源不共享等现实困境。广大学校为了满足学科教学的需求，引入软件平台时缺乏统一规划，缺少整合学生基础数据的多学科应用平台，造成学校内部的业务系统互不关联。学校间的资源无法共享流通，不能很好地适应更大范围的优质教育资源共享，满足学校教与学方式的进一步创新。资源重复制作、存储冗余等现象普遍存在。

另一方面，从教育信息化迈向教育数字化的进程来看，推动课堂教学现代化发展的关键是构建覆盖微观课堂教学、中观学校治理、宏观区域生态发展的数字教育生态链条，但从现实实践进程来看，在技术层面，标准化工作难度大、支撑体系不健全，从数据体系、系统平台、服务整合、应用接入等多个层级上表现出协同性技术环境发展弱的深刻挑战；在建设模式层面，信息化建设模式的校本化、区域化及互联网化带来投资、建设与维护的离散化、非可持续化；在应用推进层面，现有的科研、教研、培训、教学实践等多部门行政化分工机制难以适应信息技术深度应用所带来的协同化、跨部门、跨领域本真性需求，构建良好的数字教育生态面临挑战。

三、个性化教学在实践中还未很好实现

人工智能、大数据等数字技术的应用，推动了课堂教学方式的变革，有助于进行因材施教。但是当前针对数字资源的知识图谱，以及针对知识图谱产生用户画像和资源匹配推送的资源平台还比较匮乏，也就无法有效利用资源、根据学生特点将数字资源进行精准推送；以及与学生个体发展匹配的，基于学生用户群体的大数据系统还存在短板，相关智能系统还不完善，使得课堂规模化统一教学前提下的个性化学习还不

能很好解决,由于全场景数据赋能学生成长全过程的综合素养评价体系没有建立,还不能使每一个学生在学习中都能在原有基础上获得最佳发展,基于智能系统支持的学生个性化学习品质亟待提升。

实现个性化教学,除了建设丰富的数字资源、开发智能系统之外,对学生的数字素养、自主管理能力也提出了比较高的要求。广大的中小学生,特别是小学生的自律性较差,在没有教师、父母的监督管理下,面对互联网海量资源和各种信息的诱惑,很容易沉迷于聊天、玩游戏、浏览不适宜儿童观看的内容,丧失学习的积极性和主动性。精准化的学习资源不但难以发挥有效作用,还影响了正常的学习。在教育理念上十分完美的因材施教、个性化教学在实践中还面对着很多现实问题,现实中的个性化学习还不能很好实现。

四、不正确的学习方式容易影响学生的身心健康

发展数字教育,进行数字化学习,离不开手机和平板电脑等移动终端。基于这样的移动终端设备,学生可以进行数字化学习,与教师和同伴交流研讨。现在手机、平板电脑等各种移动学习终端的技术功能非常强大,可以上网、观看视频、基于各种APP进行社会交往、购物、娱乐等,而且互联网上的各种资源越来越丰富,应用越来越便捷,深深影响诱惑着广大青少年学生,由于广大青少年学生的自制力不强,很容易被这样的娱乐交友软件所误导。长时间的数字化学习很容易使学生迷航,变学习为消遣,并被这些应用所吸引,产生依赖甚至成瘾,更有甚者为网络游戏、各种网络视频所吸引并沉迷其中。长时间的数字化学习,学生的视力容易受到影响,室外活动大大减少,体育锻炼严重不足,身体成长发育也会受到不同程度影响,如果抵制不住

诱惑接触到不健康的内容以及与我国社会主义核心价值观不相符的内容，对学生的世界观、人生观、价值观也会产生不良影响，严重影响青少年学生的身心健康①。

参考文献

1. 蒋宇. 中小学数字校园建设与应用的现状与挑战——《中小学数字校园建设规范(试行)》的现实背景[J]. 中国电化教育，2018(10)：118-122.
2. 教育部. 教育这十年"1+1"系列发布会[EB/OL]. (2022-09-27)[2022-10-10]. http://www.moe.gov.cn/jyb_xwfb/xw_zt/moe_357/jjyzt_2022/2022_zt09/.
3. 靳晓燕，周世祥. 资源丰富、开放扩容、全部免费——"国家中小学智慧教育平台"更新上线[N]. 光明日报，2022-03-02(8).
4. 李永智. 教育数字化转型的构想与实践探索[J]. 人民教育，2022(7)：13-21.
5. 刘定东，张强. 湖北省"教学点数字教育资源全覆盖"项目应用调研[J]. 软件导刊·教育技术，2018(1)：25-27.
6. 徐向梅. 深入推进教育数字化转型[N]. 经济日报，2022-09-09(11).

① 邢西深，管佳. 新时代的智慧教学：课堂实践、问题审思与发展对策[J]. 电化教育研究，2022(5)：109-114.

第五章　基础教育数字化的发展对策

发展数字教育，实现教育的数字化，以数字技术推动实现教育现代化，必须采用系统科学的方法，从国家到地方、从全局到局部，统筹规划、全面考虑。按照“需求牵引、应用为王”的原则，根据服务教师改进课堂教学、服务学生自主学习、服务教育资源共建共享等的现实需要，结合数字技术发展实际情况和立德树人的现实需求，协同科研机构、公司企业、高等院校、中小学校等各方力量，从国家、地方和学校三个层面发力，在国家层面，要完善政策基础、筑牢政策根基，加强理论研究，完善规范标准，加强人才队伍培养，推动基础教育数字化可持续健康发展；在区域层面，加大数字校园建设力度，强化培训培养，提升师生数字素养，推进基础教育数字化优质均衡；面对中小学校，要强化教学应用，实现深度融合，转变教与学方式，推动基础教育数字化高质量发展。统筹协调基础教育数字化发展策略，有助于发挥数字技术的融合创新优势，构建以数字技术为支撑的高质量基础教育体系，推动实施基础教育数字化战略，为我国基础教育改革发展增添动力、注入活力、提升效力，实现基础教育的高质量发展。

第一节　做好顶层设计，打好制度基础，推进基础教育数字化可持续健康发展

发展基础教育数字化，从国家来说，也就是从宏观角度制定推进基础教育数字化健康发展的方针政策，形成统筹各方力量的体制机制，具体来说，包括制定规划、完善现有制度、做好标准规范、加强理论研究、培养人才队伍、开发数字资源、提供多样化服务，从而形成推进基础教育数字化健康发展的保障机制，推进基础教育数字化可持续健康发展。

一、完善发展规划，做好顶层设计，建立基础教育数字化健康发展的政策环境

教育数字化是随着教育信息化的发展而出现的新形态、新阶段，教育数字化是由于数字中国、数字社会、数字政府和数字经济的发展，推动了数字教育的产生，相应的教育信息化发展进入教育数字化的新阶段。此外，由于人工智能、大数据的发展应用，推动教育信息化进入以数据为核心的教育数字化的发展阶段，时代发展和技术进步，推动产生了教育数字化，教育数字化与教育信息化既有联系，也有区别。

在过去，我们国家制定了很多教育信息化的发展规划，比如《教育信息化十年发展规划（2011—2020年）》《教育信息化2.0行动计划》等，但是在国家层面关于教育数字化的发展规划还处于空白。在教育部2022年工作要点中，提出了要实施教育数字化战略行动，加快推进教育数字转型和智能升级，但这是2022年的有关教育数字化的工作内容，未来3年、未来5年，甚至未来10年的基础教育数字化如何发展，在中小学教育阶段，与教

育数字化有关的平台建设、资源应用、课堂教学、师生素养、教育治理、标准规范等如何建设、发展和应用？社会各界对此一片茫然，专家学者也是仁者见仁智者见智。所以为了基础教育数字化的健康发展，提升基础教育数字化发展水平，推动基础教育改革发展，亟需从国家层面做好顶层设计，制定基础教育数字化的短期发展规划和中长期发展规划，明确不同阶段的发展目标和发展任务，确定不同阶段的发展重点，根据实际情况组织实施重大项目和专项行动计划，从而充分发挥人工智能、大数据等数字技术对教育的变革作用，推进数字技术支持下的教育教学创新，系统推进、统筹发展基础教育数字化，为我国基础教育数字化的健康发展指明方向，奠定基础，为各地和中小学开展数字化建设应用提供制度保障和政策支撑，实现数字技术与基础教育的融合创新，推动我国基础教育数字化发展继续走在世界前列。

二、统筹各方力量，增加服务供给，建立社会各界参与基础教育数字化发展的协作机制

教育数字化这一行业具有自身发展特色，它的发展离不开政府支持、产业研发和实践应用，所以发展基础教育数字化，仅仅靠政府力量还不够，还需要发挥高等院校和科研机构、公司企业、中小学校等社会各界的力量，多元主体联合，创新治理机制，形成优势互补、协同创新的发展机制，推动基础教育数字化建设卓有成效。

政府在基础教育数字化发展过程中具有引领性和指导性作用，为基础教育数字化事业发展制定政策、协调各方力量、推动政策落实。这里的政府既包括中央政府，也包括地方政府，中央政府制定全国性的政策和标准规范，制定相应发展规划，形成基

础教育数字化良性发展的体制机制，确保基础教育数字化在全国的发展优质均衡。地方政府推动国家政策和标准规范的落实，制定具有区域特色的行动规划，协调各方力量开展建设应用，实现本区域的基础教育数字化优质高效发展。

基础教育数字化是一个快速发展的新兴事业，人工智能、大数据等数字技术在中小学教育教学中如何建设、如何应用，如何改变我们的课堂教学和学生学习，如何基于数字技术实现基础教育治理体系和治理能力现代化，还需要高校和科研机构的专家学者进行研究探索，为中小学提供理论支持和实践指导，指导中小学基于数字技术的实践应用，引领中小学基于数字技术的课堂教学，推动中小学的教育教学与数字技术融合沿着正确的方向科学健康发展。

作为一个快速发展的新兴事业，基础教育数字化的发展离不开数字技术及其产业发展，而技术和产业发展离不开公司企业的参与。发展基础教育数字化，我们需要公司企业参与研发技术和平台，建设数字资源，研发各种数字化学习终端，建设智慧教室和智慧校园等数字化环境，需要公司企业为数字技术和产品的教育教学应用提供支持服务，参与教师培训，帮助中小学校正确使用各种技术和平台开展教学，提升师生的数字素养，推动教师专业发展。

广大的中小学校在教育数字化应用的最前沿，教育数字化的政策规划、标准规范、技术平台、支持服务等最终需要在中小学的课堂教学和教育管理过程中来落实，才能推动课堂教学变革，实现教育治理。广大中小学校长要提高自身的数字化领导力，转变自身对教育数字化的观念认识，支持学校的教育数字化建设应用。广大中小学教师要不断转变观念，提升自身的数字素养，努力探索数字技术的课堂教学应用，转变教学方式，从以教师的教学为主向以学生的学习为主转变，激发学生学习的积极性和主动性，不断提高课堂教学质量，培养学生的创新意识和创新思维，推动基础教育高质量发展。

三、统筹城乡发展，注重区域均衡，实现基础教育数字化优质均衡

由于我国各地区经济社会发展水平和自然客观条件存在差异，我国发达地区和欠发达地区之间、城乡之间还存在基础教育数字化发展差异，还存在基础教育数字化发展的不均衡现象，还存在“数字教育鸿沟”。为了推进基础教育数字化优质均衡发展，需要从国家层面统筹城乡发展、区域发展，在国家政策和发展规划上对基础教育数字化发展的薄弱环节给予重点关注和扶持，推动基础教育高质量发展。

实现基础教育数字化发展优质均衡，需要不断完善国家数字教育资源公共服务体系，升级中小学智慧教育平台，持续增加优质教育资源供给，为欠发达地区和乡村地区推送优质数字教育资源，提升基础教育质量。政策扶持区域之间和区域内的城乡互动课堂，搭建平台促进区域之间和城乡之间的交流互动，加强区域之间和城乡之间教师交流，助推基础教育优质均衡发展。建立“双师教学”的激励政策和保障机制，在职称评审、评优评先等方面给予适当倾斜，激发优秀教师参与“双师教学”的积极性，激发“双师教学”模式的活力。

国家应确立欠发达地区和乡村地区基础教育数字化加快发展的战略布局，加大对这些地区的政策和经费支持力度；引导公司企业和社会机构积极参与欠发达地区的基础教育数字化建设应用，从税收减免等方面给予政策扶持。积极探索“政府统筹引导、企业参与建设、学校购买服务”的数字化建设机制，激发企业

和社会机构参与教育数字化建设的积极性，加快欠发达地区和乡村地区教育数字化升级迭代步伐，缩小区域之间、城乡之间网络质量的差距。

设立欠发达地区和乡村地区教师数字素养培训培养专项计划，转变教师的教学观念，培养提升教师信息技术与学科教学深度融合的教学法的能力，培养教师基于数字技术开展个性化教学的能力，增强教师数字化环境下的教学设计能力、互联网环境下基于数据的教学评价能力、指导学生进行数字化学习的能力、互联网环境下的教学创新能力等，不断提升教师开展数字化教学的能力和水平，提升欠发达地区和乡村地区课堂教学质量，实现优质均衡的基础教育。

四、加强理论研究，完善规范标准，引领基础教育数字化可持续健康发展

在中小学发展数字教育，实现教育数字化，对我们来说还是一个新事物，广大中小学对于如何建设教育数字化，基于数字技术如何开展课堂教学还比较茫然。为了最大化发挥教育数字化的效益，实现数字技术与教育教学的融合创新，还需要从国家层面组织专家学者深入开展基础教育数字化的理论探索，研究智慧教室、在线教学的应用策略、模式和方法，指导中小学教育数字化应用实践；发展数字教育，不仅仅关注数字技术应用，更要深入研究如何基于数字技术培养学生的品德修养，在发展教育数字化过程中帮助学生形成正确的世界观、人生观、价值观，实现学生的全面发展；发展基础教育数字化，还需要深入研究在中小学这个阶段，如何帮助教师合理掌控数字技术的应用边界，有效避免数字技术带来的应用风险；根据数字技术的优势，应充分考虑不同学段学生的认知特点、学科特点，紧密结合教学需求和

立德树人的根本要求,研究探索数字技术与中小学课堂教学深度融合的原则、规律和方法,指导中小学数字化教学应用,提高教育教学效果,促进学生身心发展,提升应用效益,减少数字技术应用的盲目性,充分发挥数字技术对基础教育改革发展的重要作用。

现代数字技术的快速发展,需要制定完善基础教育数字化的标准规范,有助于发挥资源效益,避免重复开发,打破技术壁垒,实现资源共享,规范引领基础教育数字化有序发展。制定完善标准规范,需要统筹规范基础教育阶段的数字化环境建设,完善网络接入、智慧教室、数字校园、平台体系、教与学终端、VR/AR 等的技术规范或建设指南,指导规范基础教育的数字化环境建设与系统平台开发,打通数字技术环境底层信息共享和数据传输的技术障碍,实现各平台、各系统、各个应用之间的互联互通、数据共享。

建设数字资源是发展数字教育的重要内容,健全数字资源的开发、标识、存贮、检索等规范标准,有助于数字资源的搜索、组合、传输,能够实现数字资源在不同系统平台之间的资源交换、信息获取和资源整合,减少资源重复建设,增加资源的可用性,助力实现数字资源的共建共享,推动从教育专用资源向教育大资源转变。

教师和学生是发展数字教育的主体,完善师生的数字素养标准,培养师生的数字技术应用能力,提升师生的专业素质,是开展数字教育,进行数字化学习的必要条件。培养师生数字素养,有助于提升师生的数字化意识、数字化认知、数字化思维、数字化道德和数字化安全水平,帮助教师创设数字技术与课堂教学深度融合的学习环境、创新教与学模式,提高师生数字技术环境下的分析问题、解决问题的能力,提升教师学生在数字教育中

的参与感、获得感和成就感。

此外，数字教育管理标准是实现各种教育管理信息系统互联互通的基础，通过健全完善教育管理信息化的标准规范体系，实现各应用系统和数据库之间数据共享、互联互通，提升教育监管水平，服务教育决策，引领基础教育数字化可持续健康发展。

五、加快优质资源开发，改善数字资源服务，推动中小学智慧教育平台深化应用

开发建设丰富优质的数字教育资源是实现中小学教育数字化的必要条件。2022 年 3 月，中小学智慧教育平台试运行，中小学智慧教育平台是我国教育数字化战略行动的阶段性成果。平台汇聚了丰富的数字资源，具备了智能泛在的特征，能够服务中小学生自主学习、服务教师改进教学、服务农村开齐开好课程，实现优质教育资源共享。为了推进基础教育数字化，我们需要从国家层面推进平台的深化应用，加快开发优质教育资源，提供精准化资源服务，激发学生学习的积极性和主动性，帮助教师改进教学设计、创新教学方法，帮助农村学校开齐课程开好课程，提升教育质量。

发展数字教育，需要鼓励广大中小学充分应用中小学智慧教育平台，利用平台丰富的资源和智能特征，实现资源服务的个性化，提高学生的学习效果，发挥数字资源的使用效益。平台的课程教学、专题教育、课后服务等版块可以为学生的自主学习精准提供丰富的学习资源。平台采用了人工智能、大数据、VR/AR 等技术手段，丰富了资源的呈现方式、创设了多样化的学习场景，同时还能够为学生智能推送个性化的学习资源，收集与分析学生的个性化数据，并跟踪反馈资源使用情况；学生也可以个性化订阅、精准化检索自己所需的学习资源，资源的获取与使用

更加“智能与便捷”。

发展数字教育，需要鼓励广大中小学教师利用中小学智慧教育平台优化教学设计，创新教学方法。教师需要利用 VR/AR 等技术为学生创设体验式、情境式、沉浸式的学习情境，营造多样化的课堂氛围，激发学生学习兴趣，帮助学生开展自主学习；或者根据学生的课前预习情况，为不同的学生提供不同的学习内容、制定不同的学习方法，实现学生的差异化和个性化学习；或者借助平台丰富的学习资源，组织学生进行研究性学习、基于线上线下的混合式学习和小组合作学习；教师还可以借助智慧教育平台进行师生之间的互动交流，强化师生之间、学生之间的互动，激发学生学习的积极性和主动性，提升课堂教学效果和教学效率。

平台上的课程资源和专题教育资源覆盖了小学、初中、高中各学段主要学科，实现了资源的精品化、体系化。需要鼓励广大农村中小学教师，借助“名师课堂”“名校网络课堂”，开展教师教学、学生学习以及教师研修，帮助农村学校开齐课开好课，解决农村地区学校缺乏英语、音乐、体育、美术学科教师的实际困难，也可以为学生的课后服务提供帮助指导，有助于提升农村教育质量，服务农村教育。

六、加大人才队伍培训培养，推动教师发展，丰富发展数字教育的智力资源

发展数字教育，实现基础教育数字化，除了建设平台，开发数字资源，为中小学建设智慧教室，配置智慧学习终端之外，还需要培养一大批具有较高数字素养的教师队伍，从而转变教师的教育教学观念，提升教师基于数字技术开展课堂教学的能力和水平，推动数字技术与课堂教学的深度融合，推进基础教育数

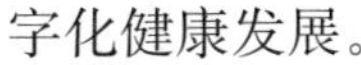

字化健康发展。

加大人才队伍培养，需要制定教师数字素养的能力标准，形成有助于教师队伍培训培养的体制机制，协同社会各方力量参与教师培养的发展。加大教师人才队伍培养，需要深入推进《全国中小学教师信息技术应用能力提升工程 2.0》，培养一大批较高数字化领导力的管理队伍和较高数字技术应用能力的教师队伍。

组织开展学校管理团队信息化领导力培训，有效提升管理团队领导全校教师应用数字技术开展课堂教学应用创新的能力；围绕学校信息化教学创新推动教师培训，提高教师应用数字技术进行学情分析、教学设计、课堂教学和学业评价的能力，破解教育教学的重点难点，满足学生的个性化发展需求，助力学校教学创新；整合高校、教科研机构、教师培训机构、公司企业等多方资源，组建培训团队，开展数字技术支持的跨学科培训，提升教师跨学科教学能力，推动数字教育教学创新；通过优质学校与乡村学校结对子，建立“双师工作坊”，组成教研共同体，通过网络研修加强集体备课、研课交流，定向帮扶乡村教师提高专业水平与数字技术应用能力，全面提升教师的数字素养，促进数字技术与教育教学融合创新发展。

对于职前教师的师范生群体，培养提升他们的数字素养日益重要。在师范生培养过程中除了开设常规的信息技术课程外，还需要开设人工智能、大数据等数字技术教育教学应用课程，培养师范生应用数字技术变革教育教学的观念和思想，奠定其应用数字技术开展教学的能力基础，适应未来数字技术发展给教育带来的变革与挑战；需要构建企业参与的教育见习、教育研习、教育实习等教育实践活动的共同体，给师范生提供现场参与和体验人工智能、大数据等新技术、新产品的机会和场所，让师范生身临其境感受人工智能等数字技术给教育教学带来的变化，激发其尝试运用人工智能等数字技术创新教学的意识和热情，提升师范生数字素养，奠定师范生开展数字教育的能力基础。

第二节 实施区域协同，提升师生素养，推进基础教育数字化优质均衡发展

在区域层面，基础教育数字化发展，首先要贯彻落实国家政策规划，深入推进"三个课堂"、中小学智慧教育平台应用，结合区域实际，推动数字环境建设和数字化教学应用，开展教师培训，提升师生素养，开展结对帮扶，实现区域均衡，推进基础教育数字化的优质均衡发展。

一、落实好国家政策规划，推进"三个课堂"应用，实现区域教育数字化均衡发展

国家制定了教育数字化发展的各项政策和规划，明确了教育数字化建设应用的原则和方向，区域层面首先应该贯彻落实国家的各项政策规划，根据政策规划的目标任务，系统推进数字化建设应用，按照国家标准规范建设好推动区域基础教育数字化健康发展的数字化环境，制定相关政策和评价机制推动区域内学校用好国家提供的数字教育资源、以及中小学智慧教育平台等国家提供的各种平台，鼓励学校常态化应用各种平台和资源，充分发挥资源的应用效益；根据教师的数字素养标准，有针对性地开展区域内教师数字素养的培训培养，全面提升师生的数字素养水平；指导学校的数字化建设应用，协同电教、教研等机构指导引领中小学的数字化教学，鼓励学校的数字化教学应用创新，推动数字技术支持的教育模式变革和生态重构，实现区域内基础教育数字的均衡发展。

 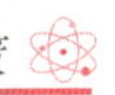

“三个课堂”指专递课堂、名师课堂和名校网络课堂，专递课堂是通过互联网为农村薄弱学校和教学点推送适切的优质教育资源，帮助其开齐开好国家规定课程；名师课堂是通过组建网络研修共同体等形式，探索网络环境下的教研活动新形态，以优秀教师带动普通教师，促进教师专业发展；名校网络课堂是通过网络学校、网络课程等形式，系统性、全方位推动优质教育资源在区域内共享，满足学生个性化发展和高质量教育的需求①。专递课堂除了针对农村薄弱学校和教学点，还可以面向区域内城区乡镇的薄弱学校，着力解决个别学科专职教师数量不足而制约课堂教学质量的问题，形成校际联手、结对帮扶的优质师资共享的运行机制。名师课堂除了网络教研，还可以结合线上线下相结合的混合式研修，通过观课、评课、专题研讨等形式，发挥名师示范效应，着力解决教师教研层次低、教研范围小、教师成长慢的现象，促进教师专业发展。名校网络课堂重在区域内优质学校和薄弱学校的结对帮扶，利用网络手段，将教学科研、特色教学、五育实践、课后服务等资源共享，扩大优质教育资源的辐射面，放大优质学校的办学效应。“三个课堂”的应用，能够从课堂教学、教师发展、学校发展三个层面，实现区域内优质资源共享，帮助薄弱学校开齐开好课程，推动教师专业能力提升，带动薄弱学校发展，提升教育质量，实现区域教育数字化优质均衡。

二、抓好数字校园建设，规范数字教育，实现基础教育数字化规范有序发展

发展数字教育，实现基础教育的数字化，需要从区域角度抓

---

① 教育部. 关于加强“三个课堂”应用的指导意见：教科技〔2020〕3 号[A/OL]. (2020-03-05)[2020-11-10]. http://www.moe.gov.cn/srcsite/A16/s3342/202003/t20200316_431659.html.

好学校的数字化建设，为课堂教学提供基础支撑，实现教育数字化建设的共建共享，发挥资源建设应用的最大效益。抓好校园数字化建设，需要按照《中小学数字校园建设规范（试行）》，建设好数字校园，规范数字校园的建设和应用。

数字校园建设需要遵循应用驱动、融合创新、重组整合、资源共享、适度超前、特色发展的建设原则，重在推动数字技术在教育教学中的常态化应用和区域之间的资源共享。建设好数字校园，需要建设现实物理空间和虚拟网络空间，具体包括网络环境、数字终端、数字化教学空间以及文化生活空间，从而形成支撑教学应用的良好基础设施。建设数字校园需要提升师生的数字素养，帮助教师开展基于数据驱动的精准教学，以适应数字时代教学变革发展的基本要求，要培养学生基于数字技术进行自主学习的能力，帮助学生进行泛在学习，实现数字环境下的信息交流和分享。建设数字校园，重在为应用服务，要服务教育教学、教育管理和教育评价，数字校园的应用服务要具有较强的扩展性、稳定性和易用性，要能够实现数据和信息的共享和互联互通①。建设数字校园，需要从组织管理、网络应用和校园环境三个方面注重信息和数据安全，建设数字校园，需要提升师生员工的网络安全意识，健全应用数据、信息和网络安全的规章制度，并且从技术角度完善各种网络安全措施和监控体系，避免各种网络安全隐患的发生。建设数字校园，需要从组织架构、全员培训、制度建设、资金投入等方面建立完善推动数字校园可持续发展的保障机制，保障数字校园建设工作有序进行，保障数字校园建设应用的可持续发展。

① 《规范》项目编制组.《中小学数字校园建设规范（试行）》解读[J].中国电化教育，2018(10)：1-6.

三、建立教育数字化评价机制，发挥数字技术应用效益，实现基础教育高质量发展

发展数字教育，实现基础教育数字化，需要从区域角度建立教育数字化建设应用的评价机制，全面客观了解基础教育数字化发展水平和存在问题，指导数字化建设应用，发挥教育数字化建设应用效益，推动基础教育数字化可持续发展。

建立基础教育数字化评价机制，既要评价数字化的建设，更要评价数字化应用，通过评价促进数字化建设和应用，调整完善相关政策，建立有关体制机制，提升基础教育数字化发展水平，提高教育质量。建立基础教育数字化评价，需要区域教育行政部门组织高等院校、相关科研机构、电教教研部门和中小学等单位，根据相关国家标准规范和规划文件，结合地方教育数字化发展实际和经济社会发展水平，制定相应的评价标准，开展教育数字化评价；教育数字化评价，可以从环境建设、资源开发、教学应用、人才培养、教育管理、保障机制等方面进行评价，评价的目的是分析发展现状，查找存在的问题，提出相应的解决对策，从而促进数字化教学应用和人才培养，促进教育质量提升，实现学生的全面发展，推动区域均衡，提升基础教育数字化发展水平。开展区域基础教育数字化评价，可从学校、教师、学生多个维度进行评价，使评价更科学、更全面，真实反映地区数字化的实际状况；区域开展基础教育数字化评价，在调查、访谈的基础上，可充分采用大数据、人工智能等数字技术的优势，借助现有数字化平台，利用数据来反映现状，减少评价中的主观人为因素，让评价更客观、更科学、更精准，真实反映基础教育数字化发展实际，为政策完善和问题解决奠定基础，实现基础教育高质量发展。

四、开展教师培训，提升教师素养，提高教师数字化教学能力和水平

从区域层面开展教师培训，提升教师的数字素养与技能，既可以克服由于全国各地情况差异不便于组织的困难，又可以避免校本培训成本过高，无法实现区域均衡，反而会加大区域基础教育数字化鸿沟的现象。区域组织教师培训，可以制定统一的培训计划，编制统一的培训课程，开发统一的培训资源，对区域内的校长和教师开展全员培训，培训可采用面授与网络研修相结合的形式，提高培训效率，从而提高校长的信息化领导力和教师的数字素养，提升数字化教学能力和水平。

区域开展教师培训，需要建立健全"意识、技能、应用创新"的教师数字化能力培训体系，树立教师应用数字技术开展教育教学的观念，提升教师应用数字技术的能力，培养教师应用数字技术创新课堂教学的能力。区域开展教师培训，需要根据教师数字技术应用能力现状和课堂教学的现实需求，提供培训内容，从而解决课堂教学的问题与困难，培训重在教师数字技术的素养提升和能力培养，加强教师培训的精准化。区域开展教师培训，可协同高等院校等多方力量，为中小学教师提供数字技术与课堂教学深度融合的新方案、新模式，重构教学流程，推动课堂教学变革；区域可通过"名师课堂"和"名师工作室"，发挥名师的示范引领作用，促进教师协同研修，调动教师提升开展课堂教学数字化的积极性，提升自身积极主动发展的观念和意识。区域开展教师培训，还需要制定教师数字化能力应用评估框架、完善数字教育培训质量标准，提升培训效果，全面提升教师在数字化环境下的教学创新能力和

水平①。

五、坚持教育治理，优化教育管理，实现教育治理体系和治理能力现代化

发展数字教育，应用数字技术于教育管理也是基础教育数字化发展的重要内容。信息技术在学籍管理、资产管理、校园管理等教育全流程中的广泛应用，实现了教育管理信息化，优化了育人环境，提高了管理效率和管理水平。为了建立优质、高效、公平的教育新格局，在教育管理信息化的基础上，深入应用人工智能、大数据等数字技术发展教育数字化，需要充分利用数字技术，考虑教育利益相关者、社会组织、政府、学校等治理主体的利益诉求，发挥各治理主体的独特贡献；通过广泛的社会参与，不断均衡城乡间、学校间的教育资源，持续提供均等优质的教育公共服务，促进教育公平；基于数字技术，建设数字政府，不断优化配置教育行政权力，完善教育行政体系，激发治理主体积极性，从教育管理走向教育治理，由“共治”走向“善治”，实现教育管理现代化。

实现教育治理，需要构建安全有序的教育数字化环境，提升教育管理的数字化、网络化、智能化水平，确保网络安全、信息安全、数据安全；建立覆盖区域内各级各类学校、所有学习者和教与学全过程的教育大数据，形成规范统一、互联互通、安全可控的区域教育大数据；发展数字教育，实现教育治理，转变基于经验主观的教育管理和决策方式，探索基于大数据的教育管理和决策，逐渐实现决策支持科学化、管理流程精细化、服务个性化，

---

① 李毅，杨淏璇. 城乡义务教育信息化发展的困境与对策——基于优质均衡视角[J]. 湖南师范大学教育科学学报，2021，20(1)：65-74.

推进基于大数据的教育治理方式变革，实现教育治理体系和治理能力现代化①。

第三节　强化教学应用，实现深度融合，推动基础教育数字化高质量发展

发展数字教育，实现教育数字化，在学校层面，立足学生健康成长，注重立德树人，需要基于数字技术，开展课堂教学，利用数字技术转变教师的教学方式和学生的学习方式，不断创新教与学活动，实现数字技术与教育教学的深度融合，开设信息技术与人工智能课程，提升学生的数字素养，开展混合式学习，实现数字教学和传统课堂教学的和谐共存，从而不断提升教育教学质量，促进学生全面发展，推动基础教育高质量发展。

一、转变教与学方式，强化融合创新，推动数字技术应用深化

传统课堂教学，教师讲学生听，教师讲得枯燥，学生学得辛苦，教学效率低下。数字技术的引入，改变了传统课堂教学，使得教师的教学方式和学生的学习方式发生变化。数字时代的课堂教学，教师需要应用数字技术创设生动丰富、多姿多彩的教学情境，激发学生的学习兴趣和好奇心，调动学生学习的主动性，促使学生积极思考，实现从浅层学习向深度学习的过渡，培养学习者的高阶思维；互联网给学生提供了海量丰富的数字资源，数字技术给师生之间、学生之间的合作交流提供了便捷快速的工

① 邢西深. 迈向智能教育的基础教育信息化发展新思路[J]. 电化教育研究，2022(7)：108-113.

具，借助数字资源和数字技术手段，需要教师帮助引导学生开展自主、合作、探究式学习，帮助学生不断释疑解惑，实现“以学生为中心”的学习，在教师的指导和帮助下，树立学生的主体地位，把学生培养成为学习的主人。

在教育教学的全过程、全要素融入人工智能、大数据技术，使得教师教学和学生学习均实现了数据化，形成了教育大数据。基于大数据技术和学习分析技术，能够准确分析学生的学习行为和知识掌握情况，在此基础上，教师需要借助智能教学系统，准确及时掌握学生的学习情况，了解学生的学习行为、学习情况和学习风格，并设计适切的教学内容呈现方式，优化教学活动设计策略，为不同的学生设计不同的学习路径，提供不同的学习资源，为学生的学习提供个性化指导，帮助学生查找学习中的问题，改进学习方式，提高学习者的思维品质和学习效能，教师需要对共性问题在课堂集中讲解，这样使不同层次的学生都能得到发展和提高，满足学生发展需求，让学生的学习既富有成就感，又具有挑战性，实现教学的精准化、学习的个性化，推动了数字技术应用的深化，提高了教学针对性①，为创新性人才培养奠定了基础。

二、开展混合式教学，实现数字化教学和传统课堂教学的和谐共存

开展数字教育，进行数字化教学，能够帮助学生开展自主、合作、探究式学习，实现因材施教，提高教育效果和教学效率。但是数字化教学也存在一些问题，比如不便于开展对学生的情感教育

---

① 邢西深，管佳. 新时代的智慧教学：课堂实践、问题审思与发展对策[J]. 电化教育研究，2022(5)：109-114.

和人文关怀，不利于社会性培养，对学生的生命成长关注不够等，而我们传统的课堂教学，完全可以弥补数字化教学的不足，所以开展数字化教学和面授教学相结合的混合式教学，可以充分发挥数字教育和传统课堂教育的优势，实现数字化教学和传统课堂教学的和谐共存，培养创新型人才，推动数字教育健康发展。

在中小学发展数字教育，实现教育数字化，需要充分利用互联网、人工智能等数字技术，开展数字化教学和面授教学相结合的混合式教学，这样的教学方式既能够为学生提供个性化的学习体验，也能够实现学习者在真实情境中的现场学习，促进学习者的协作探究和意义构建，实现个性化知识习得与创造性知识的自我构建与生产，从而实现真实有效的学习。混合式学习拓展了学生的学习空间，学生可以在网络空间进行自主学习，在网络空间获取学习资源，开展移动学习和泛在学习，实现知识获取；在线下课堂实现学生之间的集中交流、协作、探究，或者在教师的指导下解决学习中遇到的疑难问题。长时间的数字化学习，容易使学生产生倦怠感，而相应开展的线下学习活动，能够引导学生之间进行协作探究、帮助学生主动参与，在解决学习问题的同时，还可以促进学生之间的情感交流，促进学生社会性的培养。开展混合式学习，实现数字化学习和传统课堂教学的和谐共存，使学生的学习中心地位得以增强，学习空间得以拓展，学习内容得以丰富，互动方式得到强化，学生的学习兴趣和积极性得到激发，情感交流和人文关怀得到了保障，实现了数字技术支持下的知行创的融合统一，有助于创新型人才的培养和数字教育的健康发展①。

---

① 邢西深，李军．“互联网＋”时代在线教育发展的新思路[J]．中国电化教育，2021(5)：57-62.

三、基于数字技术，强化立德树人，实现学生的全面发展

落实立德树人根本任务，培养德智体美劳全面发展的社会主义建设者和接班人，实现学生的全面发展是我国教育的根本要求。发展数字教育，实现基础教育数字化，在学校的教育教学过程中，我们需要充分利用数字技术，拓宽育人空间，转换育人方式，围绕“培养什么人、怎样培养人、为谁培养人”，坚持育人为本，落实立德树人根本任务，实现学生的全面发展。数字技术不仅为我们提供了丰富的数字教育资源，还为我们创设了一个虚拟的网络空间，这一空间已经成为我们工作、学习、生活、娱乐、购物的重要时空，也为我们开展数字教育，落实立德树人创设了一个崭新的教育时空。

基于云平台，我们可以开设学生空间来展示学生成长历程，利用班级空间开展各种主题实践活动，围绕学校空间宣传学校特色文化、共享育人资源。网络空间强化了学校、家庭和社会之间的沟通和交流，在物理空间之外提供了一个新的育人空间。开展数字教育，实现教育数字化过程中，基于互联网技术，开展德育教育，丰富育人资源。基于互联网技术，我们可以建设形式多样的德育教育资源，将爱国主义教育、革命传统教育、心理健康教育、道德法制教育等主题教育资源制作成种类丰富的微视频和微课程，为学生的在线学习提供丰富的学习内容；另外，将德育教育与学科教学相结合，在开发的学科教育资源中渗透德育教育思想，通过数字教育强化对学生的影响力和感染力，提高道德教育的渗透性，在潜移默化中塑造学生积极健康的价值观念。

基于数字技术，开展数字教育，能够丰富德育教育的方式和

手段。在开展数字教育过程中，我们需要充分利用数字技术，采用 QQ、微信群、网络论坛、APP 等形式，与现实实践中的主题班会、实践活动相结合，创新德育教育的手段和内容，丰富学生育人方式，形成育人合力。开展数字教育，我们要充分利用人工智能、大数据技术，加强对互联网的监管，屏蔽互联网上消极颓废的内容、不适合学生身心健康成长的内容、与社会主义核心价值观不相符的内容，全面净化网络空间，为学生的数字化学习营造一个积极、健康、和谐、向上的环境，助力学生的健康成长，强化网络时空的育人效果，落实立德树人根本任务，实现学生的全面发展。

四、开齐开好信息科技课程，提升学生的数字素养

2022 年 4 月，教育部印发《义务教育阶段信息科技课程标准(2022 年版)》，将原来的“信息技术”改为“信息科技”，并从综合实践活动课程中独立出来，课程标准重在培养学生的信息意识、计算思维、数字化学习与创新、信息社会责任，帮助学生树立数字时代正确的价值观。课程标准的制定，为中小学开设信息科技课程，培养学生的数字素养提供了标准和依据。

开齐开好信息科技课程，首先需要提高中小学教师的信息科技能力和水平，通过开展各种形式的培训活动，提升教师的信息科技素养，更新教育教学理念，或者通过“双师课堂”、国家智慧教育平台等信息科技手段，弥补师资不足，辅助信息科技课程开展。开设信息科技课程，需要让学生关注信息科技前沿发展、理论基础和原始创新，并且关注信息科技在经济、社会、文化、教育中的应用实践及其变革创新，正确认识信息科技对经济社会产生的作用和影响。开设信息科技课程，除了教授信息科技知识，提升信息科技技能，更重要的是要使中小学生强化社会责

任、正确认识互联网与现实社会的关系，树立良好的品德，促使学生形成信息社会责任意识与能力的使命担当；开设信息科技课程，在向学生传授信息科技知识、关键技术的同时，还需要注重培养学生的探索精神和对创新的追求，培养学生的创新型意识和思维，使中小学生成为有理想、有本领、有担当的时代新人。

五、理清技术应用边界，实现“向善”的技术应用

在发展数字教育，实现教育数字化的过程中，我们需要正确对待人工智能、大数据等数字技术，合理把握数字技术的使用边界，充分发挥数字技术的正面价值，有效避免数字技术在教学应用中带来的风险。

发展数字教育，实现教育数字化，数字技术是开展教育教学的手段和工具，如果不用数字技术，也可以达到教学目标，则完全可以不用任何数字技术。数字技术的教学应用，一定要以解决教育教学中的问题为出发点，以优化课堂教学、提高教育效果和教学效率，促进学生的全面发展为出发点。课堂教学中应用数字技术，一定要以技术使用的合理规范为前提，充分考虑学生的认知特点和认知发展规律，确保教学活动的主体性和客体性、价值性和工具性之间的平衡。

数字技术能够为教学活动创设丰富多彩的教学情境，提供有力的教学工具，但这样的教学情境和教学工具未必是最佳的、必要的。应用数字技术，一定要全面考虑教学实际，发挥数字技术的最大价值，理清技术的应用边界和应用限度，实现教学活动的最优化，发挥“向善”的技术应用。实现技术使用的合理规范和“向善”使用，要以基于数字技术的教学过程最优化为目标，也就是教师凭借最简单的技术手段用最少的精力达成教学目标，学生以最少的时间和最简单的技术路径完成知识学习，从而实

现教学效果最优、教学效率最高。

参考文献

1. 陈婷,甘梦蝶.教育信息化促进基础教育高质量发展：逻辑、困境与路径[J].教育与教学研究,2022(9)：120-128.
2. 郝照.基于“三通两平台”成效分析的区域基础教育信息化发展对策研究[J].西北成人教育学报,2022(1)：93-98.
3. 明钰英.“互联网+”时代对中小学信息技术课程推进的思考[J].汉字文化,2021(20)：157-159.
4. 王真真.我国基础教育信息化水平评价的现状思考[J].河南广播电视大学学报,2022(2)：93-99.
5. 魏继宗,党彬心.陕西省教育信息化的演变逻辑与发展路径[J].渭南师范学院学报,2022(7)：53-60.
6. 邢西深,许林.2.0时代的学前教育信息化发展路径探究[J].中国电化教育,2019(5)：49-55.
7. 邢星.信息科技是一门全新的课程——访义务教育信息科技课程标准研制组组长熊璋[J].人民教育,2022(13-14)：44-46.

»第六章　基础教育数字化生态构建

基础教育数字化发展涉及多个环节、多个要素，是一项复杂的系统工程，包括数字化环境建设、标准规范制定、数字资源开发、师生素养提升、课堂教学应用等，是数字技术、数字文化、数字思维、数字战略与基础教育的深度融合，与社会发展、技术进步、学校教育和课堂教学具有错综复杂的关系，并且互相影响、互相渗透。所以，为了推动基础教育数字化健康可持续发展，需要采用生态观的思想，从整体系统的视角以生态化战略推动面向未来教育、助力创新型人才培养、落实立德树人根本任务的基础教育发展，构建体系完善、全面优化、可持续发展的基础教育数字化生态，打造高质量的基础教育数字化发展之路，推动基础教育高质量发展。

第一节　基础教育数字化生态的基本内涵

基础教育数字化是教育的重要领域，分析基础教育数字化生态，首先需要分析什么是教育生态。弄清楚教育生态，首先需要明确自然界的生态，自然界的生态强调的是一定范围内一切生物的生存状态，以及它们之间和它与外部之间环环相扣的关系，它强调整体和结构①。教育生态是生态学和教育学交叉融合的学科，其将生态学的原理和方法应用于教育领域，研究教育方式、教育环境等因素对教育的作用机理和规律，它重在强调各因素的综合、联系和平衡。

教育数字化是数字技术在教育中的应用以及对教育产生的变革，它属于教育研究的一个领域和分支，在教育数字化这个领域之内，存在数字化环境建设、数字资源开发、课堂教学应用等，涉及到人这一教育主体、教育实践和数字技术创设的数字化环境。如何推动教育数字化可持续健康发展？我们需要从生态学的视角，应用生态学的原理和方法研究教育数字化，以系统的眼光看待这些相互联系的要素和部分，也就形成了教育数字化生态。

对于教育信息化生态，已有相关学者开展研究，祝智庭教授认为，与自然界的生态系统一样，信息技术与教育教学也相互联系，并构成一个统一的生态综合体。为了对教育教学提供更加强大的动力，我们有必要从生态系统的视角重新审视整个教育信息化系统②。余胜泉教授认为，教育信息生态是指由信息人、教育实践和技术化的环境构成的一个自组织、自我进化的系统，在这个系统中，以教育实践活动为纽带，以信息技术为手段，在信息人与技术环境之间开展信息资源的传输、交流、反馈和循环③。

基础教育数字化是基础教育信息化发展的新阶段，与基础

---

① 任友群，吴旻瑜，刘欢，等．追寻常态：从生态视角看信息技术与教育教学的融合[J]．中国电化教育，2015(1)：97-103.

② 王佑美，吴永和，祝智庭．教育信息化开放生态系统模型建设策略[J]．现代远程教育研究，2009(1)：58-62.

③ 余胜泉，陈莉．构建和谐“信息生态”突围教育信息化困境[J]．中国远程教育，2006(5)：19-24.

教育信息化既有区别又有联系。同样，基础教育数字化生态是基础教育信息化生态的新发展，二者既有区别，又有联系。在教育信息化生态背景下，基础教育数字化生态是以系统性思维为出发点，按照教育生态学的原理和方法，建设规范适用的数字化环境和平台，不断培养提升师生员工的数字技能与素养，推进数字技术与教育教学的深度融合，提升教育教学的质量和效益，建立推进教育数字化健康发展的体制机制，从而实现教育主体与数字环境之间的协同，实现重构教育模式、再造教育流程、重塑教育生态，培养全面发展的创新型人才，助推基础教育数字化转型，推动基础教育高质量发展。

在基础教育数字生态中，包括教育主体、教育实践和数字技术环境，三者之间的和谐共生、循环发展形成了基础教育数字化生态。教育主体指参与教育实践的人，包括教师、学生和其他教育活动的组织者和参与者。基础教育数字化生态最核心的目标是通过教师的教育实践活动，在数字技术环境的支撑下，把学生培养成为培养德智体美劳全面发展的创新型人才，而高质量的创新型人才又可以不断充实到教师队伍中，提升教师队伍的专业化水平，实现教育主体的自身发展。教育实践活动是在数字技术的支撑下，以教师为主的教育主体针对学生所开展的包括课堂教学、实习实践、课后服务等教育教学活动，随着数字技术的支撑赋能和教师专业能力不断提升，教育实践活动的方式方法不断变革，实践水平不断提高、育人效果不断提升，学生的德智体美劳得以全面发展，创新型人才得以培养。数字技术与教育教学的深度融合，创设了丰富多样、虚实融合的数字技术环境，在数字技术环境的加持下，教师的课堂教学逐渐实现精准化，教师的角色发生改变，课堂边界得以突破，混合式学习开始出现，教育实践活动发生了重大变化；同时学生的学习开始呈现个性化，因材施教得以实现，学生的个性发展得到激发，创新型人才培养得以实现。在基础教育数字化生态中，教育主体、教育实践和数字技术环境互联系、相互依赖，并与相关社会系统不断适应、不断进化，从而推动基础教育数字化可持续健康发展。

第二节　基础教育数字化生态的主要内容

前面我们论述了基础教育数字化生态的基本内涵，形成基础教育数字化生态，需要建设泛在链接的数字化环境、优质丰富的数字资源，开发互联互通的系统平台，开展丰富多样的教学应用，建立绿色可信的网络安全，形成多方参与的体制机制，从而实现系统内部教育主体、教育实践和数字技术环境的和谐共存，并且促进系统内各要素彼此联系、互相促进，形成动态循环的基础教育数字化新生态。

一、泛在链接的数字化环境

实现基础教育数字化，形成基础教育数字化新生态，需要构建泛在链接的数字化环境，实现人与人、人与物、物与物的实时交互，推动随时随地随需学习的发生。生态化的数字环境，将逐渐呈现集中化、集约化的发展趋势，体现出数据安全、可扩展、可管理、性能佳、成本低、效益高的系统优势，既具有系统高度灵活、信息高度融合、数据绝对安全等特征，也能够整合现有数字化建设中的“低小散旧”数据中心为区域教育云平台的重要特征，可以实现教育系统内部人员、信息、技术等层面的无缝连接、高效协同，呈现出绿色、安全、快速、全覆盖的生态优势，为教师、学生、家长、教育管理者提供各类智能化服务。

二、优质丰富的数字资源

形成基础教育数字化生态，需要建设丰富优质的数字教育资源，供教师教学和学生学习使用。建设丰富优质的数字教育资源，需要探索教育大资源建设，使得数字教育资源呈现出大数量、大覆盖、大平台、大应用、大生态的特征，形成数字资源生态，需要规范完善数字资源建设标准，促进数字资源共建共享，不断提高数字教育资源质量；促进政府、企业、学校、科研机构之间的跨界协作，建立完善的数字资源审查准入制度和标准体系，促进统一开放、竞争有序、制度完备、治理完善的市场机制，推动数字教育资源的建设应用；数字教育资源不仅满足学生的个性化学习需求，还需要建设具有地方特色的数字教育资源、满足学生多样化需求的专题教育资源；充分利用网络空间提供资源服务，开发基于虚拟现实的数字资源，促进新型数字资源和工具的发展，不断开发优质丰富的数字教育资源，形成数字教育资源新生态。

三、互联互通的系统平台

建设基础教育数字化，形成基础教育数字化新生态，需要大量互联互通、智慧泛在的系统平台支撑，各种系统平台能够为学习者提供多样化资源服务、满足学习者个性化需求，智慧化的系统平台能够记录、跟踪、报告、管理学习者的在线学习行为，帮助学习者自主选择学习目标和学习路径，优化学习者的学习体验。构建互联互通的平台生态，需要遵循统一开放的平台标准，实现数据、信息和资源在不同平台之间共享流动，平台开发可采用模块化开发方式，根据需求整合不同功能模块，实现高度定制化的系统平台建设；平台在互联互通的基础上要充分体现智慧性，能够为学习者提供多样化的学习需求。在当前的时代背景下，要充分用好国家中小学智慧教育平台，从而实现满足学生自主学习、满足教师改进教学、服务农村开齐开好课程的现实需要，助力构建优质均衡的基础教育公共服务体系。

四、丰富多样的教学应用

建设基础教育数字化，形成基础教育数字化新生态，需要开展丰富多样的教学应用，促进数字技术与教育教学的深度融合，变革教学方式，提升教学效率。发展基础教育数字化，开展丰富多样的教学应用，课堂教学需要从教师的教学为主向学生的学习为主转变，教师充分利用 VR/AR 等数字技术为学生创设体验式、情境式、沉浸式的学习环境，营造多样化的课堂氛围，激发学生的学习兴趣，帮助学生开展自主学习；或者根据学生的课前预习情况，有针对性地开展课堂教学，并为不同学习情况的学生提供不同的学习内容、制定不同的学习方法，实现学生的差异化教学和个性化学习；或者借助系统平台丰富的学习资源，组织学生进行研究性学习、基于线上线下的混合式学习和小组合作学习；教师还可以借助智慧教育平台进行师生之间的互动交流，强化师生之间、生生之间的互动，激发学生学习的积极性和主动性，提升课堂教学效果和教学效率。当前，在我国广大的中西部地区，需要充分利用“三个课堂”，根据农村地区学校缺乏英语、音乐、体育、美术学科教师的实际，借助平台上的优质资源帮助农村学校开齐课开好课，也可以为学生的课后服务提供帮助指导，从而提升农村教育质量，服务农村教育。

五、绿色可信的网络安全

建设基础教育数字化，形成基础教育数字化新生态，数字技术融入教育教学的全过程、全领域和全要素，进入数字时代的网络安全和信息、数据安全问题开始日益凸显，需要建设绿色可信的网络安全环境。形成基础教育数字化的安全生态，首先需要根据中小学教育的实际，做好物理安全、网络安全、应用系统安全、信息数据安全的顶层设计，系统整体规划数字教育的安全体系；需要不断培训提升师生员工的安全意识，规范师生员工的上网用网行为；此外，需要具有技术上规范完善的数字化环境，在身份鉴别、访问控制、入侵防范、病毒预防等方面确保各种应用系统安全，健全网络环境的监控体系，提升网络安全防护技术，利用技术手段加强对网络应用的监控与管理，在发生网络安全事故时，能够及时有效处理，避免事故扩大化；需要制定各种关于网络安全的规章制度，加强网络空间生态治理，杜绝访问不健康网站、非法网站，加强网络安全警示教育，引导师生遵守网络空间规则，形成良好的网络行为规范；落实网络安全等级保护制度，根据信息数据、应用系统的重要性，分等级保护、分等级监管。

六、多方协同的体制机制

建设基础教育数字化，形成基础教育数字化新生态是一个复杂的系统工程，需要政府部门、行业企业、研究机构和中小学校的协同参与，形成多方参与的体制机制。各级政府和教育行政部门要做好基础教育数字化的顶层设计，制定相应的标准规范，建设数字教育的公共服务体系，完善基础教育数字化支撑平台，推动相应规划计划的实施；行业企业根据数字技术发展和教育教学的实际需要，为中小学的数字教育提供多样化、高品质的技术、资源、产品和服务，开发智能泛在的系统平台和优质丰富的数字资源，为数字教育实施提供基础支撑，助力中小学教育数字化的落实;研究机构要针对数字技术在中小学的实践应用做好研究,提供指导,帮助教师应用数字技术开展教学,帮助学生应用数字技术进行学习,帮助教育管理人员应用数字技术开展教育管理,从而转变中小学转变教学方式,提高教学效率,实现教育治理;广大中小学校要深化教育数字化应用,实现数字技术的课堂用、经常用、普遍用,把数字技术融入教育教学全过程,从而改进课堂教学,提高课堂教学效果,全面提升师生的数字素养。

第三节　基础教育数字化生态建设的行动路向

以生态观指导基础教育数字化发展,必须以系统、整体的思想指导基础教育数字化发展,基础教育数字化的发展目标是学生的德智体美劳全面发展和创新型人才培养,在这一系统动态发展的过程中实现学生的全面发展,落实立德树人根本任务。所以,建设基础教育数字化,形成基础教育数字化新生态,必须注重开展深度学习,培养学生的高阶思维;强化立德树人教育,促进学生的全面发展;提高学校教育质量,实现优质教育;坚持教育治理,优化教育管理,从而确保基础教育数字化正确的发展方向,构建基础教育数字化的新生态。

一、注重开展深度学习,培养学生的高阶思维

发展数字教育,实现基础教育数字化,克服碎片化学习的弊端,促进学习者个体全面发展,实现创新型人才培养,需要注重开展深度学习,培养学习者的高阶思维。学生的学习活动极其复杂,既涉及学生的内部心理活动,也与外部环境、外部输入有关。学习方式分为浅层学习和深度学习,深度学习注重知识的

理解和应用，要求学习者在学习过程中具有批判性思维，鼓励学习者对学习内容积极主动地探究、反思，学习过程中积极开展自主学习、合作学习、探究学习，从而培养学习者的高阶思维。在发展数字教育过程中，需要利用数字技术激发学习者的积极性、主动性和创造性，实现从浅层学习向深度学习的过渡，培养学习者的高阶认知，培养高级思维。发展数字教育，激发学习者学习兴趣，有助于学习者实现深度学习。基于人工智能、VR/AR 等数字技术，为中小学学生创设了以学生为中心的、丰富的学习情境和游戏化学习环境，激发了学习者的学习兴趣，利用丰富的数字资源，帮助学习者投入到有意义的学习活动中，实现新旧知识的融合，不断完善和更新知识体系。利用线上线下相结合的混合式学习，针对特定问题，开展项目式学习和基于问题的学习，将网络虚拟空间与真实课堂相衔接，组织开展线上线下的协作和探究，开展头脑风暴，激发学习者认知冲突，促进认知发展，培养高阶思维。开展深度学习，有助于促进学生素质全面发展，提高教育质量，培养学习者的高阶思维，为学习者的创新精神和创新能力培养打好基础。

二、强化立德树人教育，促进学生全面发展

发展数字教育，实现基础教育数字化，需要把育人作为教育工作的根本要求，落实立德树人的根本任务。围绕“培养什么人、怎样培养人、为谁培养人”，构建基础教育数字化新生态，需要强化立德树人教育，促进中小学生的全面发展。

利用数字技术，注重改善网络育人环境。现在的中小学生，是数字社会的“数字原住民”，互联网环境在学生思想的形成、观念的发展、对社会的认识中具有重要影响。充分利用人工智能、大数据分析技术，在中小学教育过程中，全面净化网络空间，屏

蔽不适合学生身心发展、健康成长、与社会主义核心价值观不符的信息与内容，为广大中小学生营造一个健康、积极、和谐的环境。

利用数字技术，注重创新育人方法。数字技术，丰富了育人的方式和手段。中小学生的思想品德教育，除了采用课堂教育、班会活动、实地参观之外，还可采用线上线下相结合的方式，充分利用 QQ、微信群、网络论坛、APP 等方式，丰富育人活动，创新家校合作手段，形成育人合力，促进学生的健康成长。

利用数字技术，注重拓宽育人思路。发展数字教育，国家建设了大量的数字教育资源。开发数字资源以及利用数字资源教学的过程中，需要将育人思想、观念、内容蕴含其中，将中小学的育人知识、内容、思想与数字化教学相融合，将中小学学生的思想品德教育与数字化教学相融合，避免空洞说教式的育人教育。在开展数字化学习过程中，对中小学学生做好积极的舆情引导，教育学生理性看待、正确分析各种网络信息，及时澄清模糊认识，培养学生辨别是非的能力。

利用数字技术，注重丰富育人资源。积极建设种类丰富、形式多样的数字教育资源，比如有关中国优秀传统文化的微电影、微课程，基于 VR/AR 的红色主题教育资源，为中小学思想品德教育提供丰富的教育内容，强化对中小学的影响力、感染力，潜移默化地塑造中小学生积极健康的价值观念，提高育人效果。

三、提高学校教育质量，实现公平优质的教育

党的二十大报告提出，要坚持教育优先发展，加快建设高质量教育体系，发展素质教育，促进教育公平，推进教育数字化。发展数字教育，实现基础教育数字化，需要深入探索人工智能助力教师专业发展、基于数字技术促进教育公平，从而提高教育质

量，实现公平优质的教育。

百年大计，教育为本，教育大计，教师为本。建设一批高素质专业化创新型教师队伍是促进基础教育改革、提高教育质量、加快实现基础教育现代化的基础和关键。促进教师专业发展，需要充分利用人工智能技术，培养教师的专业理念、专业知识和专业能力，不断提高教师的数字技术应用能力，提升数字素养，培养教师的专业能力和水平。此外，需要充分利用智能化网络平台和学习空间，开展网络研修、远程教研，充分利用智能测评技术，对教师培养提供个性化指导，把学科知识、教育理论、数字技术与教育实践相结合，强化教师教学基本功和教学技能训练，培养教师应用数字技术优化课堂教学的能力、应用数字技术转变学生学习方式的能力，提高教师教书育人实践能力，不断提高课堂教学质量。

由于历史原因和客观条件，我国各地区经济社会发展和教育水平存在一定差异。我国一直高度重视教育扶贫工作，在现阶段中西部贫困地区脱贫工作基础上，继续通过"三个课堂""国家中小学智慧教育平台"等数字技术将优质教育资源传递到这些地区，帮助这些地区"开齐课、开好课"，不断提高欠发达地区和薄弱学校的教育质量，促进教育均衡。在新时代教育数字化发展进程中，为避免出现新的"数字教育鸿沟"，我们要通过政策支持、经济扶持、结对帮扶等形式，加大对教育欠发达地区的支持帮扶力度，在发展数字教育，构建基础教育数字化新生态，实现教育现代化的进程中，各地区、各学校"一路同行"，一个也不能少，促进基础教育优质均衡，实现公平而有质量的基础教育。

四、坚持教育治理，优化教育管理

信息技术在教育全流程中的广泛应用，实现了教育管理信息化，优化了育人环境，提高了管理效率和管理水平。在教育管理信息化的基础上，为了建立优质、高效、公平的教育新格局，需要充分利用数字技术，考虑教育利益相关者、社会组织、政府、学校等治理主体的利益诉求，发挥各治理主体的独特贡献；通过广泛的社会参与，不断均衡城乡间、区域间、学校间的教育资源，持续提供均等优质的教育公共服务，促进教育公平；不断优化配置教育行政权力，完善教育行政体系，激发治理主体积极性，从教育管理走向教育治理，由“共治”走向“善治”，实现教育管理现代化。

实现教育治理，需要构建安全有序的教育数字化环境，确保网络安全、信息安全、数据安全；建立覆盖各级各类学校、学习者和教与学全过程的教育大数据，形成规范统一、互联互通、安全可控的教育大数据体系；探索基于大数据的教育管理和决策，逐渐实现决策支持科学化、管理流程精细化、教学分析即时化，推进基于大数据的教育治理方式变革，实现教育治理体系和治理能力现代化①。

参考文献

1. 陈蔚，杨跃. 信息技术对教育生态及其教育效果的影响：基于学习收获的模型分析[J]. 高校教育管理，2018(3)：80-86.
2. 高朝邦，王妤，李霞，等. 智慧教育生态体系框架构建与实践路径[J]. 现代教育管理，2022(7)：17-26.
3. 郭绍青. 教育信息化缔造教育新生态[N]. 学习时报，2019-12-13(6).
4. 黄荣怀，田阳. 发展智慧教育须着眼于教育生态的整体发展[J]. 教育

① 邢西深. 迈向智能教育的基础教育信息化发展新思路[J]. 电化教育研究，2020(7)：108-113.

家,2020(2)：20-21.

5. 李景春.生态位理论视域中的教育生态系统及其发展[J].教育科学,2006(3)：26-29.
6. 李隆全,李雪莲.智慧教育生态下学生学业发展方式的变革[J].教育科学论坛,2021(2)：69-71.
7. 刘秀峰.论我国良好教育生态构建的提出、内涵与路径[J].四川师范大学学报(社会科学版),2022(2)：116-125.
8. 王飞,李绚兮,顾小清.教育信息化产品和服务的生态发展研究[J].电化教育研究,2020,41(10)：99-105.
9. 余胜泉,丁杰.加快深层次推进 促进可持续发展——教育信息生态观视角下的基础教育信息化[J].中小学信息技术教育,2011(1)：21-23.
10. 余胜泉,赵兴龙.基于信息生态观的区域教育信息化推进[J].中国电化教育,2009(8)：33-40.
11. 朱旭东,赵瞳瞳.论促进儿童全面发展的乡村教育生态系统建构——基于"新"教育生态学的理论视角[J].清华大学教育研究,2022(6)：42-51.

第七章　新时代的中小学教师专业发展

发展数字教育，实现教育数字化，建设高质量的中小学教师队伍是关键。党和国家高度重视教师队伍建设，改革开放以来，特别是进入新世纪的第二个十年以来，我国制定了一系列面向中小学教师专业发展的政策文件，从“中小学教师国家级培训计划”“中小学信息技术应用能力提升工程”，到“新时代基础教育强师计划”等，国家为我国中小学教师专业发展、职前职后培养、数字技术应用能力、教师教育一体化建设等进行了顶层设计，为建设新时代的大国良师奠定了良好的政策基础。除了党和国家高度重视，数字技术为我国中小学教师的专业发展提供了重要的发展契机，成为推动基础教育高质量发展的重要途径，成为构建现代化教师教育体系的重要因素，但是数字技术的发展应用，也对中小学教师专业发展提出了新的要求，遇到了新挑战。面向新时代的中小学教师专业发展，需要直面数字技术发展应用，不断转变教师的教育观念，坚守育人本质，不断提升自身数字素养，开展网络研修，构建教师专业发展共同体，深化新时代教师队伍建设，提升中小学教师队伍育人能力素质，培养造就一大批高素质专业化创新型中小学教师队伍。

第一节　我国中小学教师专业发展的政策保障

教育是国之大计、党之大计；教师是立教之本、兴教之源，建设一支高素质专业化创新型教师队伍，是实现基础教育数字化，推动基础教育高质量发展，实现基础教育现代化的关键。党和国家高度重视教师队伍建设工作，进入新世纪，特别是新世纪的第二个十年以来，制定了一系列政策文件，做出了一系列重大决策部署，不断提升教师的教学能力和专业水平，创新教师教育发展体系，推动教师队伍建设，造就乐学善教、主动创新的新时代大国良师。

一、中小学教师国家级培训计划

2010 年，教育部、财政部启动实施“中小学教师国家级培训计划”（以下简称“国培计划”），国培计划包括“中小学教师示范性培训项目”和“中西部农村骨干教师培训项目”，国培计划采取骨干教师脱产研修、集中培训和大规模教师远程培训相结合的方式，培训一批“种子”教师，发挥他们在推进素质教育和教师培训方面的骨干示范作用，重点支持中西部农村教师培训，加大农村教师培训力度，实现差异化的教师培训，改变教师的教育理念，变革教师教学方式，提升教师的教学技能，全面提高中小学教师队伍整体素质。国培计划是中小学教师专业发展的重要途经，是提升教学质量、发展教育的重要举措。十多年来，中央为国培计划支付专项资金共计 157.84 亿元，为我国广大中西部农村地区培育了一大批骨干教师，并带动了片区内的学科教师发展，为实现基础教育脱贫攻坚、基础教育高质量发展提供了坚强有力的人才保障。

二、中小学教师信息技术应用能力标准(试行)

为了全面提升中小学教师信息技术应用能力，促进信息技术与教育教学的深度融合，2014年5月，教育部制定了《中小学教师信息技术应用能力标准(试行)》(以下简称“能力标准”)。根据中小学信息技术应用实际条件和信息技术应用环境的差异，能力标准对教师的信息技术应用提出了基本要求和发展性要求。其中，优化课堂教学是中小学教师信息技术应用的基本要求，主要包括教师利用信息技术进行讲解、启发、示范、指导、评价等教学活动应具备的基本能力；转变学习方式是信息技术应用的发展性要求，主要包括利用信息技术支持学生开展自主、合作、探究等学习活动应具备的能力。另外，根据教育教学工作过程与教师专业发展实际，信息技术应用能力从技术素养、计划与准备、组织与管理、评估与诊断、学习与发展五个维度进行规范。能力标准规范引领中小学教师有效应用信息技术的基本准则，是各地开展教师信息技术应用能力培养、培训和测评等工作的基本依据。能力标准的制定有助于提升中小学教师信息技术应用能力，促进教师专业发展，突破基础教育信息化发展瓶颈，推进基础教育课程改革，实现基础教育高质量发展。

三、全国中小学教师信息技术应用能力提升工程

进入信息化社会，信息技术应用能力是教师必备的专业能力，为了提升中小学教师的信息技术应用能力，我国共实施了两次中小学教师信息技术应用能力提升工程。

2013年11月，教育部启动全国中小学教师信息技术应用能力提升工程，工程的目标和任务是建立教师信息技术应用能

力标准体系；开展中小学（含幼儿园）教师全员培训，提升教师信息技术应用能力、学科教学能力和专业自主发展能力；利用网络研修社区，推行网络研修与现场相结合的混合式培训；开展教师信息技术应用能力测评、以评促学，激发教师持续学习的动力；推动每个教师在课堂教学和日常工作中有效应用信息技术，解决课堂教学中重点和难点，促进信息技术与教育教学的有效融合。截至 2017 年底，工程共培训全国中小学教师 1,000 余万名，基本完成全员培训任务。

为了中小学教师信息技术应用能力提升的现实需要，适应人工智能、大数据等新技术变革对教师发展的新要求，2019 年 4 月，教育部决定实施全国中小学教师（含幼儿园、普通中小学、中等职业学校）信息技术应用能力提升工程 2.0。工程目标是到 2022 年，构建以校为本、基于课堂、应用驱动、注重创新、精准测评的教师信息素养发展新机制，通过示范项目带动各地开展教师信息技术应用能力培训，基本实现校长信息化领导力、教师信息化教学能力、培训团队信息化指导能力显著提升，全面促进信息技术与教育教学融合创新发展。为了实现工程目标，工程提出了四项发展任务：整校推进教师应用能力培训，服务教育教学改革；缩小城乡教师应用能力差距，促进教育均衡发展；打造信息化教学创新团队，引领未来教育方向；全方位升级支持服务体系，保障融合创新发展①。通过工程实施，推动教师主动适应大数据、人工智能等技术变革，积极有效开展信息技术教育教学，培养一支具有较高信息素养、较强教育创新能力的教师队伍，推动基础教育数字化转型发展，推进基础教育现代化发展。

---

① 新华社. 教育部启动实施全国中小学教师信息技术应用能力提升工程 2.0[EB/OL].（2019-04-02）[2022-12-05]. http://www.gov.cn/xinwen/2019-04/02/content_5379158.htm.

四、乡村教师支持计划(2015—2020 年)

为全面建成小康社会、发展乡村教育,解决乡村教师面临的数量缺、难补充、待遇低、职称难、编制少等问题,2015 年 6 月,国务院办公厅印发《乡村教师支持计划(2015—2020 年)》(以下简称“支持计划”)。支持计划以着力提升乡村教师的思想政治素质和职业道德水平,合理规划乡村教师队伍规模、优化乡村教师队伍结构,提升乡村教师专业素质、提高地位待遇,深化体制机制改革、形成可持续发展的长效机制为基本原则。力争到 2017 年,使乡村学校优质教师来源得到多渠道扩充,乡村教师资源配置得到改善,教师教育教学能力水平稳步提升,各方面合理待遇依法得到较好保障,职业吸引力明显增强,逐步形成“下得去、留得住、教得好”的局面;到 2020 年,努力造就一支素质优良、甘于奉献、扎根乡村的教师队伍。为了实现以上目标,支持计划制定了八大举措:全面提高乡村教师思想政治素质和师德水平、拓展乡村教师补充渠道、提高乡村教师生活待遇、统一城乡教职工编制标准、职称(职务)评聘向乡村学校倾斜、推动城镇优秀教师向乡村学校流动、全面提升乡村教师能力素质、建立乡村教师荣誉制度。支持计划对于吸引优秀人才到乡村学校任教,稳定乡村教师队伍,带动和促进教师队伍整体水平提高,从而发展乡村教育,促进教育公平、推动城乡一体化建设,对推动教育扶贫攻坚具有重要的意义①。

五、关于全面深化新时代教师队伍建设改革的意见

2018 年 1 月,中共中央、国务院印发《关于全面深化新时代

① 国务院办公厅.关于印发乡村教师支持计划(2015—2020 年)的通知:国办发〔2015〕43 号[A/OL].(2015-06-08)[2022-12-05].http://www.gov.cn/zhengce/content/2015-06/08/content_9833.htm.

教师队伍建设改革的意见》(以下简称《意见》),这是新中国成立以来党中央出台的第一个专门面向教师队伍建设的里程碑式的政策文件。《意见》以确保方向、强化保障、突出师德、深化改革、分类施策为基本原则,确定了短期和长期的教师队伍建设目标,《意见》以习近平新时代中国特色社会主义思想为指引,突出全员全方位全过程师德养成,突出从源头上加强教师队伍建设,突出专业发展支持服务体系建设,突出深化教师队伍体制机制改革,突出深度贫困地区教师队伍建设,明确建设一支高素质专业化创新型的中小学教师队伍和高素质善保教的幼儿园教师队伍的具体要求,确定了深化教师队伍建设改革的系列核心举措,为未来我国基础教育教师队伍建设指明了发展方向,全面深化基础教育教师队伍建设,努力打造一支适应教育现代化需要的高素质基础教育教师队伍,形成优秀人才争相从教、教师人人尽展其才、好教师不断涌现的良好局面,培养造就一大批有理想信念、有道德情操、有扎实学识、有仁爱之心的"四有"好老师。

六、教师教育振兴行动计划(2018—2022 年)

建设教育强国,办好人民满意的教育,从根上需要有一大批优秀的"好老师"。为了推动教师教育改革发展,全面提升教师素质能力,努力建设一支高素质专业化创新型教师队伍,2018 年 2 月,教育部等五部门印发《教师教育振兴行动计划(2018—2022 年)》(以下简称"行动计划")。行动计划以习近平新时代中国特色社会主义思想为指导,遵循教育规律和教师成长发展规律,立足中国当前教师质量亟待提高的现实需要,又着眼教育现代化对教师教育建设提出的长远要求,以提升教师教育质量为核心,以加强教师教育体系建设为支撑,以教师教育供给侧结构性改革为动力,推进教师教育创新、协调、绿色、开放、共享发展,从源头上加强教师队伍建设。行动计划的目标任务是:经过 5 年左右的努力,办好一批高水平、有特色的教师教育院校和师范类专业,教师培养体系基本健全,为我国教师教育的长期可持续发展奠定坚实基础;师德教育显著加强,教师培养培训的内容方式不断优化,教师综合素质、专业化水平和创新能力显著提升。为了实现上述目标任务,行动计划制定了十项主要措施:师德养成教育全面推进行动,教师培养层次提升行动,乡村教师素质提高行动,师范生生源质量改善行动,“互联网+教师教育”创新行动,教师教育改革实验区建设行动,高水平教师教育基地建设行动,教师教育师资队伍优化行动,教师教育学科专业建设行动,教师教育质量保障体系构建行动。此外,行动计划要求明确责任主体、加大教师教育经费投入、建立督查落实机制等保障措施,从而建强做优教师教育,着力培养造就党和人民满意的师德高尚、业务精湛、结构合理、充满活力的教师队伍①。

七、关于加强新时代乡村教师队伍建设的意见

为了加强新时代乡村教师队伍建设,努力造就一支热爱乡村、数量充足、素质优良、充满活力的乡村教师队伍,2020 年 7 月,教育部等六部门印发《关于加强新时代乡村教师队伍建设的意见》(以下简称“意见”),力争经过 3—5 年努力,乡村教师数量基本满足需求,质量水平明显提升,队伍结构明显优化,地位大幅提高,待遇得到有效保障,职业吸引力持续增强。意见提出了 7 个方面的主要举措:强调提升乡村教师的思想政治素质、

① 教育部等五部门. 关于印发《教师教育振兴行动计划(2018—2022 年)》的通知:教师〔2018〕2 号[A/OL]. (2018-03-22)[2022-12-05]. http://www.moe.gov.cn/srcsite/A10/s7034/201803/t20180323_331063.html.

厚植乡村教育情怀，激发教师奉献乡村教育的内生动力；不断创新乡村教师编制配备、挖潜调整乡村学校编制、规范乡村学校人员管理，提高乡村学校教师编制的使用效益；健全县域交流轮岗机制、加强城乡一体流动、多种形式配备乡村教师，重点引导优秀人才向乡村学校流动；加强定向公费生培养、抓好乡村教师培训、发挥5G、人工智能等新技术助推作用，培育符合新时代要求的高质量乡村教师；职称评聘向乡村倾斜、培育乡村教育带头人、拓展多元发展空间，让乡村教师获得更广阔的发展空间；提高乡村教师的社会地位和生活待遇、完善荣誉制度，让乡村教师享有应有的社会声望；关心青年教师的工作生活，优化在乡村建功立业的制度和人文环境。通过以上措施，使贫困地区的乡村教师队伍建设得到明显加强，推进乡村教师队伍建设高效率改革和高质量发展①。

八、新时代基础教育强师计划

教师是兴教之本、兴教之源，为了全面深化新时代基础教育教师队伍建设改革，加强高水平教师教育体系建设，培养造就高素质专业化创新型中小学教师队伍，2022年4月，教育部等八部门印发《新时代基础教育强师计划》（以下简称“强师计划”）。强师计划以习近平新时代中国特色社会主义思想为指导，坚持师德为先、质量为重、突出重点、强化保障为基本原则，共制定了两个阶段的目标任务：到2025年，建成一批国家师范教育基地，形成一批可复制可推广的教师队伍建设改革经验，培养一批硕士层次中小学教师和教育领军人才；到2035年，适应教育现

① 教育部等六部门. 关于加强新时代乡村教师队伍建设的意见：教师〔2020〕5号［A/OL］.（2020-08-28）［2022-12-05］. http://www.moe.gov.cn/srcsite/A10/s3735/202009/t20200903_484941.html.

代化和建成教育强国要求，构建开放、协同、联动的高水平教师教育体系，建立完善的教师专业发展机制，形成招生、培养、就业、发展一体化的教师人才培养模式，教师队伍整体素质和教育教学水平明显提升，尊师重教蔚然成风。为了实现以上目标，强师计划共提出了15项具体措施，包括提升教师思想政治素质、加强和改进师德师风建设、建设国家师范教育基地、开展国家教师队伍建设改革试点、建立教师教育协同创新平台、实施高素质教师人才培育计划、实施中西部欠发达地区优秀教师定向培养计划、深化精准培训改革、改进师范院校评价、进一步完善教师资格制度、优化义务教育教师资源配置、优化教职工编制配置、深化教师职称改革、加强教师工资待遇保障、推进教师队伍建设信息化，并提出了组织保障、政策保障和经费保障3条保障措施，推进强师计划实施。强师计划注重创新机制推进教师教育一体化、以内涵建设提升专业发展精准性、用“互联网+”重构专业发展新样态，建设高质量基础教育教师队伍，打造基础教育的“大国良师”。

第二节　数字时代中小学教师专业发展面临的机遇与挑战

党和国家高度重视中小学教师的专业发展，制定了一系列政策文件，建立教师发展的体制机制，培养高素质专业化创新型教师队伍，除此之外，数字技术的发展和应用，也为中小学教师专业发展提供了新的发展契机。

教师专业发展是教师在终身学习和持续发展理念的指引下，通过合理规划自身专业发展目标，借助多样化的学习途径，掌握教师专业发展知识和技能，实现自身专业理念、专业知识和专业能力全方位提升的过程①。以人工智能、大数据为代表的数字技术与教育教学的深度融合，在对教育教学带来变革的同时，对中小学教师的专业学习提供了新的方法和手段，也为教师专业发展提出新的目标和要求，数字时代的教师专业发展面临着新的机遇和挑战。

一、数字技术是推动基础教育高质量发展的重要途径

数字技术在基础教育全流程、全领域、全要素的应用，能够创设智能化的教育教学环境，推进教育教学改革创新，实现学生的规模化教育与个性化培养，帮助学生在课内学足学好，并通过个性化的作业设计，既能够减轻学生的学习负担，还能够提升学习效果。同时，应用数字技术还能够克服传统教育决策过程中的依赖主观经验的弊端，推动教育管理走向科学化、人性化、智能化，全面提升教育管理水平，实现教育治理。

（一）数字技术推动教育教学改革创新

随着数字中国建设，数字经济发展，数字社会构建，数字时代推动了中小学教育教学改革的创新发展。发展数字教育，实现教育数字化，中小学的教育教学和人才培养遇到了新的发展契机。进入数字教育时代，传统的教育形式已经被自主学习、人机交互所取代。数字技术的应用与创新赋能教育教学改革，形成全生态、全流程的技术应用与推广模式。一是基于智能推荐、语音识别、智能传感器等技术，重塑教育教学的各个环节，实现

① 孙红保，田冰. 评价引领区域教师专业发展[J]. 基础教育课程，2022(13)：68-74.

各种教学要素的有效整合，促进教学范式转型。二是利用 VR/AR/MR 等技术开发多种形式的学习资源，增强学习者的沉浸感和交互性。三是基于大数据和学习分析技术的问题诊断、即时反馈，使教师的教学更加精准、高效。

（二）数字技术助力教育资源均衡配置

由于我国经济社会发展的客观实际，区域之间、城乡之间、学校之间在教育资源、师资水平等方面还存在差距，发达地区和欠发达地区之间还存在“教育鸿沟”。数字技术的发展应用，为弥补教育鸿沟提供了新的途径。基于互联网技术，开展“三个课堂”，可以实现优质教育资源的汇聚与共享，实现“同在蓝天下共享优质资源”。国家中小学智慧教育平台建设了丰富的课程资源和专题资源，能够为我国广大农村地区的教育教学提供丰富优质的教育教学资源，特别是根据农村地区学校缺乏英语、音乐、体育、美术学科教师的实际，借助平台上的优质资源可以供教师教学、学生学习以及教师研修，帮助农村学校开齐课开好课，也可以为学生的课后服务提供帮助指导，从而提升农村教育质量，服务农村教育。

（三）数字技术创设智能化的教育环境

数字技术的发展应用，可以通过升级硬件设备、开发软件平台、建设数字资源，为中小学的教育教学提供智能化的教育教学环境。建设高速泛在的云网融合的基础设施，升级中小学的数字校园，实现教学、实验、科研、管理、服务等的数字化和智能化升级，为师生提供智能化、沉浸式的教与学支撑环境。基于需求牵引、应用为王、服务至上的原则，全面汇聚优质教学资源，促进优质资源在更大范围内的共建、共享，为课堂教学、学生学习、课

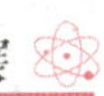

后服务、教师研修、教改实践等提供全过程、智能化和个性化服务。国家中小学智慧教育平台采用人工智能、大数据技术，能够为学生智能推送个性化的学习资源，收集与分析学生的个性化数据，并跟踪反馈资源使用情况；学生也可以个性化订阅、精准化检索自己所需的学习资源，资源的获取与使用更加“智能与便捷”。

二、数字技术是构建现代化教师教育体系的重要因素

数字技术与教育教学深度融合，能够实现资源共享，变革课堂教学模式，创新教研方式，丰富教师培训方式，促进教师专业发展，成为构建教育教育体系的新途径。

（一）构建人机协同的课堂教学新模式

随着人工智能、大数据技术的发展以及在教育教学中的深入应用，建设的各种智慧化教学系统和平台在教育教学中将发挥重要作用，依靠这些系统和平台，教师可以变革教学模式，提高教学效果。随着数字技术的进一步发展和应用，各种系统平台的“智能化”更加凸显，知识的传承更加“智慧”，未来将产生“人工智能教师”这一“新教师”，与人类教师一起共同完成教育教学任务，形成人机协同的课堂教学新模式。人工智能教师的出现，将代替人类教师承担一些重复性、常规性的工作，学生的测评工作也可由人工智能教师来完成。从日常重复繁琐的教学工作中解放出来的人类教师，可以有更多的时间关注学生的学习品质、聚焦学生学习行为、关注学生的生命成长，帮助学生全面发展，同时促进自身专业成长。未来人机协同的教学时代，对人类教师的教学理念、数字技术应用能力、育人能力与方式、情

感培养等提出了新的要求，需要人类教师不断提升自身能力和水平，以适应数字时代的发展。与人工智能教师共同完成教学任务，人类教师的角色从教书育人转变为更加注重育人，更加注重学生的全面发展，并不断提升自身的育人能力和水平将是人类教师面临的新选择。

（二）构建基于数据驱动的校本教研新模式

校本教研是指以学校为本，以解决教育教学实际问题为主要目标，教师对教育教学行为进行的探索和反思，并不断改进教育教学实践、提升教育教学效果的一种研究形式。开展校本教研，是提升教师教学能力和水平，促进自身专业发展的重要方式。数字技术的发展应用为校本教研提供了新的方式和途径。

数字技术在教育教学全过程、全要素的深入应用，形成教育大数据。基于数据驱动的校本教研以真实的课堂教学数据为依据，以课堂教学中的真实问题为核心，为教研活动提供全面、精准的数据支撑，能够促进教师教学研究的科学化、规范化，能够深入教学现象背后的教学规律，对教学过程展开分析、研讨，并针对教学问题提出相应的解决策略，进而指导教学实践。数据驱动的校本教研以多模态数据的收集和分析为基础，通过对学习过程的深入刻画，能够帮助教师发现直观经验所无法洞察的学习规律，增加教师对学习的深度理解①。

（三）构建基于学习分析的教师培训新模式

学习分析是指测量、收集、分析、报告学习者及其学习行为

---

① 林攀登. 人工智能赋能教师专业发展：理念变革与实践创新[J]. 中国成人教育，2021(12)：56-60.

的相关数据，以促进对学习过程的理解、并对学习及其发生行为进行优化的过程。随着大数据、人工智能等数字技术的发展，学习分析在方法模型、技术工具等方面实现了突破性进展。基于学习分析的教师培训是指采用学习分析技术，利用大数据和人工智能，对教师的课堂教学、培训学习等行为进行分析，促进课堂教学与教师培训相融合，从而提高教师培训效果，改进教师教学实践，提升教师专业能力和水平，促进教师专业发展。培训之前，采用学习分析技术对教师的教学行为、学生的学习行为和结果进行精准分析，能够发现教师教学过程中存在的问题和不足，教师培训可以以此为依据，设计个性化的学习资源和学习活动，实现精准化的培训。在教师培训过程中，也可采用学习分析技术，对教师的学习行为和结果进行精准分析，为教师培训评价提供参考，为教师专业发展提供依据。利用人工智能、大数据等数字技术，基于学习分析开展教师培训，可以根据教师专业能力的现状和存在的问题实现精准化的培训，并与教师的教学相融合，实现伴随式数据采集和过程性评价，为教师改进教学提供依据，真正实现教师的自主专业发展。

三、数字时代对中小学教师专业发展提出了新要求

数字技术为中小学教师的专业发展提供了新的发展契机，构建了现代化的教师教育体系，构建了数字教育的新生态，但是由于数字技术与教育教学的深度融合，课堂教学发生变化，教学环境更加智能，教育资源丰富多样，相应地对教师的角色观、知识观和能力观提出的新的要求。

（一）数字时代呼唤教师角色的转型

传统的课堂教学中，教师是教学的中心，教师的知识是学生

获取知识的重要来源，甚至是唯一来源，教师以其专业素养和丰富的知识成为学生获取知识与成长的最佳引路人。而进入数字时代，互联网的普及应用，数字资源的开发共享，为学生的知识获取和学习提供了无限的可能，学生获取知识不再依赖教师，学生可以基于数字技术开展自主学习、合作学习和研究性学习，获取知识的途径日益丰富、获取知识的方法日益多样。这时教师不再是教学的中心，学生成为学习的主人，教师成为学生学习的指导者、促进者和帮助者。特别是人工智能技术的发展和应用，各种智能系统将成为"人工智能教师"这一教师的新形态，未来人工智能教师将与人类教师和谐共存，人工智能教师将承担更多重复、繁琐的知识传承的工作，而人类教师将从繁琐的日常教学工作中解放出来，更加注重对学生人格培养、社会性教育和情感培养，更加注重学生的生命成长。这对教师提出了新的要求，教师要积极适应角色变化，积极转变观念、提升自身数字素养、提高育人能力和水平，更多涵养"传道"之艺术，体味生命之本真，积极做好学生的精神导师和品格榜样。

（二）数字时代要求教师具有跨学科融合能力

未来数字社会的发展，需要一大批具有较强的综合分析问题、解决问题能力的人才，需要一大批高素质、复合型、创新型人才。而培养未来数字社会所需要的优秀的复合型、创新型人才，今天的课堂教学需要注重学生的学习过程和学习体验，仅凭传统的分科教学为主的教育范式，教师仅仅具有特定学科领域的知识是不够的，需要我们今天的中小学教师具有跨学科交叉融合能力，充分发挥学科间综合育人功能，开展跨学科主题教育教学活动，组织开展项目式学习、研究性学习，消除传统教学中的知识割裂，不断提升学生分析问题、解决问题的能力，培养未来

社会所需要的创新型人才。

教师具有跨学科融合能力，要求教师在专业发展过程中不囿于某一学科，以开放的姿态积极吸收相关领域的最新研究成果，不断拓展教育视野，延展育人之基；另外，未来的教育教学，需要教师实现对学生从知识传授向素养培育转变，教学过程中注重引导学生分析问题、解析任务，注重知识的生成和建构，使学生经历有目的、有意义、能解决实际问题的学习过程，这就需要教师具有较强的知识整合意识和能力，借助数字技术创设的智慧教学环境提升自身培育学生的问题意识、批判性思维和学科统整素养的能力①，并学会与学生、与教师同伴的沟通、交流与协作。

（三）数字时代要求教师具有较高的数字素养

数字技术与教育教学的深度融合，创设了智慧化的教学环境，开发了丰富多样的数字化资源，智能化的教与学终端开始应用，师生的时空距离得以拓展，传统教与学方式发生变革，这对教师的专业发展提出了新的要求。发展数字教育，实现教育数字化，需要教师具有较高的数字素养，具备较高的数字资源开发能力、数字化教学设计能力和数字化教学水平，需要教师能够精心设计在线课程和数字教育资源，需要掌握常见数字化教学平台和智能系统的使用，能够基于智能系统和数字化教学平台开展常态教学；在数字化教学过程中，教师要加强对学习过程的监测，把知识传授与教学监测评价相结合，通过监测及时了解学生的学习情况，加强师生之间互动，以便改进教学；开展数字化教

---

① 陈俊源.人工智能时代教师专业发展：契机、挑战与应对[J].江汉大学学报(社会科学版)，2021(4)：5-11.

学，需要教师为不同层次的学生提供不同的学习内容，设计不同的教学资源，使所有的学生都能得到发展，实现教育教学的规模化和学生学习的个性化培养。发展数字教育，实现教育数字化，未来教师需要和人工智能系统“协同”教学，这就要求教师不仅具备教育学生的能力，帮助学生树立正确的智能教育观，还需要具备熟练使用智能系统的能力，需要具备较高的数字素养，才能适应未来数字社会的发展，适应发展教育数字化的新诉求。

第三节　数字时代中小学教师专业发展路径

发展数字教育，实现教育数字化，教师是推动教育数字化实施的关键因素和重要力量。建设一支高素质专业化创新型教师队伍，实现中小学教师的专业发展，需要立足当前，面向长远，不断转变教师的教育理念，强化育人职能，发挥数字技术优势，开展网络研修，建立协同机制，形成发展的共同体，从而统筹各方力量，形成发展合力，共同推动教师专业发展。

一、更新教育理念，转变教师角色

进入数字化时代，人工智能、大数据技术的快速发展和普及应用，推动了教育理念变革，教育模式更新，教育范式转型。相应地，需要数字时代的教师不断更新教育理念，理性对待数字技术的发展应用，转变教师自身角色。数字时代的中小学教师，需要从“教的专家”转向“学生学习的促进者、指导者和帮助者”，知识传承的职责更多由智能系统承担，学生也可以自己依靠互联网获取各种知识和信息，学生可以自己选择学习内容、自定学习步调、自己确定学习方式，教师可以对学生的学习给与指导，具体的知识获取由学生自己来完成。但学生即使获取了足够的信息和知识，但是其生活阅历、社会经验、人生感悟一定赶不上教师，对社会、对人生、对生命、对成长的正确认识还需要教师的正确引导和帮助。因此，教师的重点是从日常繁重的教学工作中解放出来，在给学生学习指导帮助的同时，承担更多育人职能，要成为学生“灵魂的工程师”以及情感的守护者，坚守学生“成人”的教育使命，更多关注学生的生命关怀和生命成长，对学生的生命成长和学习行为进行有效引导，帮助学生提升个体的生命价值，成为学生成长的“生命引路人”。

二、坚守育人职能，强化立德树人

落实立德树人根本任务，培养德智体美劳全面发展的社会主义建设者和接班人是我国教育的根本要求，发展数字教育，实现教育数字化，我们需要充分应用数字技术，不断提升教师的数字技术应用能力，拓宽育人空间，转换育人方式，围绕“培养什么人、怎样培养人、为谁培养人”，坚守育人职能，落实立德树人根本任务。

数字技术为教师的教育教学提供了新的手段和工具，也为落实立德树人创设了一个新的教育时空。应用数字技术在变革教育教学方式的同时，在提升自身数字技术应用能力的同时，教师更多注重应用数字技术丰富育人本职。教师可以学生的个性特征出发，坚守自己的倾心浇灌、无畏付出与辛苦努力，更多关注学生的创新能力、社交能力和情感培养，坚守自己的育人初心。教师可以充分利用数字空间，展示学生的成长历程，围绕学校空间宣传学校文化特色、共享育人资源。数字资源便捷迅速的传播共享方式为爱国主义教育、革命传统教育、道德法制教育、心理健康教育等提供了新的内容和形式，有助于提升育人效果。教师在开展教学、开发数字资源的过程中，还需要具有将德育教育与课堂教学相融合、在数字资源中渗透德育教育的意识和思想，通过数字教育强化德育教育的影响力和渗透力，在潜移默化中塑造学生积极健康的价值观念，丰富育人方式，提升育人效果。

三、培养数字素养，提升教师的数字技术应用能力

进入数字时代，实现中小学教师专业发展，其核心和关键是培养教师的数字素养，提升教师的数字技术应用能力和水平。数字素养既是中小学教师专业发展内容的一部分，也是支撑教师专业发展的重要基础。培养中小学教师的数字素养，也就是要培养中小学教师应用数字技术开展教育教学的能力、数字资源的制作应用能力、基于数字技术的交流协作能力、基于数字技术的教与学评价能力以及数字化环境下的应对网络和数据安全风险的能力。

培养中小学教师的数字素养与技能，需要组织开展数字技术与教育教学深度融合的多样化培训，培养教师的数字化思维，提升教师数字化教学的意识和基本技能；构建区域教师数字化教学共同体，以线上或线下的方式，推动教师数字化教学的交流研讨，实现教师的共同发展；加强数字教育的伦理规范建设，引导教师正确规范应用数字技术；制定数字化教学的评价标准，提高教师的数字化教学评估能力；制定针对教师开展数字化教学的激励政策，鼓励教师规范适度开展数字化教学。

数字素养是数字技术与教育教学相结合、相渗透的专业素养，教师应树立终身学习的理念，以积极的态度探索数字技术应用，同时通过专业学习、实践应用、协作交流、自主探究等方式，不断培养提升其数字素养，提高自身的数字技术应用能力和水平，实现自身的专业发展。

四、开展网络研修，拓宽发展路径

网络研修是基于互联网络开展的有组织、有引领的教师自主研修活动的新形式，是对传统教研活动的有益补充，是对传统教研活动和面对面培训的延伸和拓展，它基于互联网络建立教师学习共同体，能够突破面对面研修活动的空间局限性、时间局限性和交流不充分性，在专家、教研员和培训者的引领下，开展自主学习、协作学习，促进教师自身专业发展。

开展网络研修，可以突破地域限制，使不同学校、不同区域的教师建立学习共同体，实现校际、区域之间的资源共享和资源流动，帮助不同地区、不同学校的教师手拉手、先进帮后进、共同发展、共同提高，促进教师专业素质整体提升，为教师专业发展开辟了新途径。开展网络研修，能够让教师不断感悟数字时代的教师教育理念与教学模式变革，不断适应新时代的教师角色，熟练掌握数字技术，应用数字资源，提升教学质量。网络研修可以实现教师研修的自主性，教师可以根据自己的个体意愿和教学实际需求，有针对性地选择学习内容、学习方式、学习时间和学习伙伴，能够缓解工学矛盾，提升研修效果。基于网络开展研修活动，教师之间可以进行坦诚的交流，创设和谐自由的研修环境，激发教师自我发展的内驱力，互相分享彼此经验，营造开放、合作、融洽的研讨氛围，实现网络研修的高效开放。

五、开发工具资源，激活理论赋能教学实践

教师专业发展包括教师的职前教育和职后培养，其中职后培养更多是帮助教师解决真实教育教学场景中的问题，帮助教师掌握专业技能，提升专业技能，获得专业效能。基于数字技术，开发专门的教师专业发展工具资源库，帮助教师在日常教育

教学中方便地搜索、调用和整理科学的教学工具，赋能教育教学实践。

在资源种类上，开发不同时长的课程视频资源，如主题网络课程、单元课程、视频微课、专家讲座，并且包括文字、图片等辅助性资源，比如教学指南、教学策略、课堂教学设计案例等，让教师在系统学习的同时，以解决实际问题为导向精准选择所需工具和资源。资源主题上，重点建设能够直接帮助教师开展日常教学工作的学科类数字资源，比如有关大单元教学的资源工具包应该包括相关的理论模型和文献、课堂教学设计工具和模板，以及相关的案例库、素材库，帮助教师在理论学习的基础上，能够利用工具支架及时、便捷地应用于课堂教学设计和教学，把教育观念、教育资源、教育策略直接应用于教学实践。在资源建设主题上，要协调社会各方力量形成合力，开发丰富多样的数字资源，调动研究机构和高等院校做好理论研究和资源建设指导，中小学教师提供数字资源的实践需求，资源开发机构基于理论指导和实践需求，开发符合教学实践、有助于学生发展和教育质量提升的丰富多样的数字资源库和实践案例，供教师选择使用。

六、建立协同机制，形成共生发展的共同体

发展数字教育，推动中小学教师专业发展，不仅需要各机构之间协同，更需要区域之间联动，建立推动教师职前培养和职后专业发展的机构协同和区域协同，构建推动教师发展的共同体。

建立教师专业发展共同体，首先明确地方政府、高校、教师发展机构和中小学校各核心主体在不同层次与阶段上的权责规范，建立机构之间推动教师专业发展的良性、可持续的协同机制，强化地方政府支持下的教师教育一体化培养基地建设，形成“四位一体”共生发展的共同体，发挥机构之间的整体协同效能，

形成推动教师专业发展的合力。建立协同机制，要充分发挥教育行政部门统筹管理的优势，切实推进不同机构之间的权责划分，保障教师教育一体化的具体实施与推进。实现区域协同，要重视区域之间的联动，促进高水平师范院校的辐射带动作用，推进高水平师范院校与其他院校、地方教师发展机构、中小学校等联合培养高素质教师，并与地方协同追踪培养教师的终身发展。高水平师范院校要与地方教师发展机构形成长期稳定的合作关系，重点支持区域内中小学教师的职后发展，深入了解区域内中小学教师教学实践以及所面临的实际困境，分析教师多层次的专业发展需求，为地区教师教育机构的教师职后培训提供专业化服务，带动区域教师研究与实践，推动区域中小学教师专业发展。

参考文献

1. 范国睿. 基础教育教师发展理念的转型性变革——兼评《新时代基础教育强师计划》[J]. 人民教育，2022(15-16)：54-59.
2. 冯晓英，郭婉瑢，黄洛颖. 智能时代的教师专业发展：挑战与路径[J]. 中国远程教育，2021(11)：1-8.
3. 顾燕群. 基于网络研修视角的教师专业发展路径探究[J]. 中国成人教育，2022(9)：65-69.
4. 郝明君，徐文会，付建强. 人工智能视域下教师专业发展困境与路径研究[J]. 教师教育论坛，2021(9)：62-66.
5. 教育部教师工作司. 建强教师专业发展体系 厚育新时代大国良师[J]. 中国教育学刊，2022(9)：1-6.
6. 教育部教师工作司. 人工智能为教师队伍建设赋能[J]. 在线学习，2022(8)：39-42.
7. 王定华. 关于实施教师教育振兴行动计划的政策与思考[J]. 国家教育

行政学院学报，2018(6)：3-9.

8. 邢西深，胡佳怡，管佳. 新时代的基础教育数字化：发展动因、基本特征和实践进路[J]. 中国电化教育，2022(12)：107-113.

9. 邢西深，李军. “互联网+”时代在线教育发展的新思路[J]. 中国电化教育，2021(5)：57-62.

10. 叶兆宁，郝瑞辉. STEM 教育成功的关键——教师专业发展[J]. 中国科技教育，2018(8)：10-12.

11. 朱志勇，孙芫. 教师专业发展政策工具的使用及特征研究[J]. 教师发展研究，2021(2)：65-74.